LA ERA DE LAS CORPORACIONES

Empresas transnacionales:
el verdadero gobierno.

Radiografía de un poder sin votos

Jorge Zicolillo

LA ERA DE LAS CORPORACIONES

Empresas transnacionales:
el verdadero gobierno.
Radiografía de un poder sin votos

CONJURAS

L.D. Books

La era de las corporaciones
©Jorge Zicolillo, 2014

 L.D. Books

D.R. ©Editorial Lectorum, S.A. de C.V., 2014
Batalla de Casa Blanca Manzana 147 A Lote 1621
Col. Leyes de Reforma, 3a. Sección
C. P. 09310, México, D. F.
Tel. 5581 3202
www.lectorum.com.mx
ventas@lectorum.com.mx

L.D. Books Inc.
Miami, Florida
sales@ldbooks.com

Primera edición: mayo de 2014
ISBN: 978-1500536701

Colección **CONJURAS**

D.R. ©Portada e interiores: Mariel Mambretti

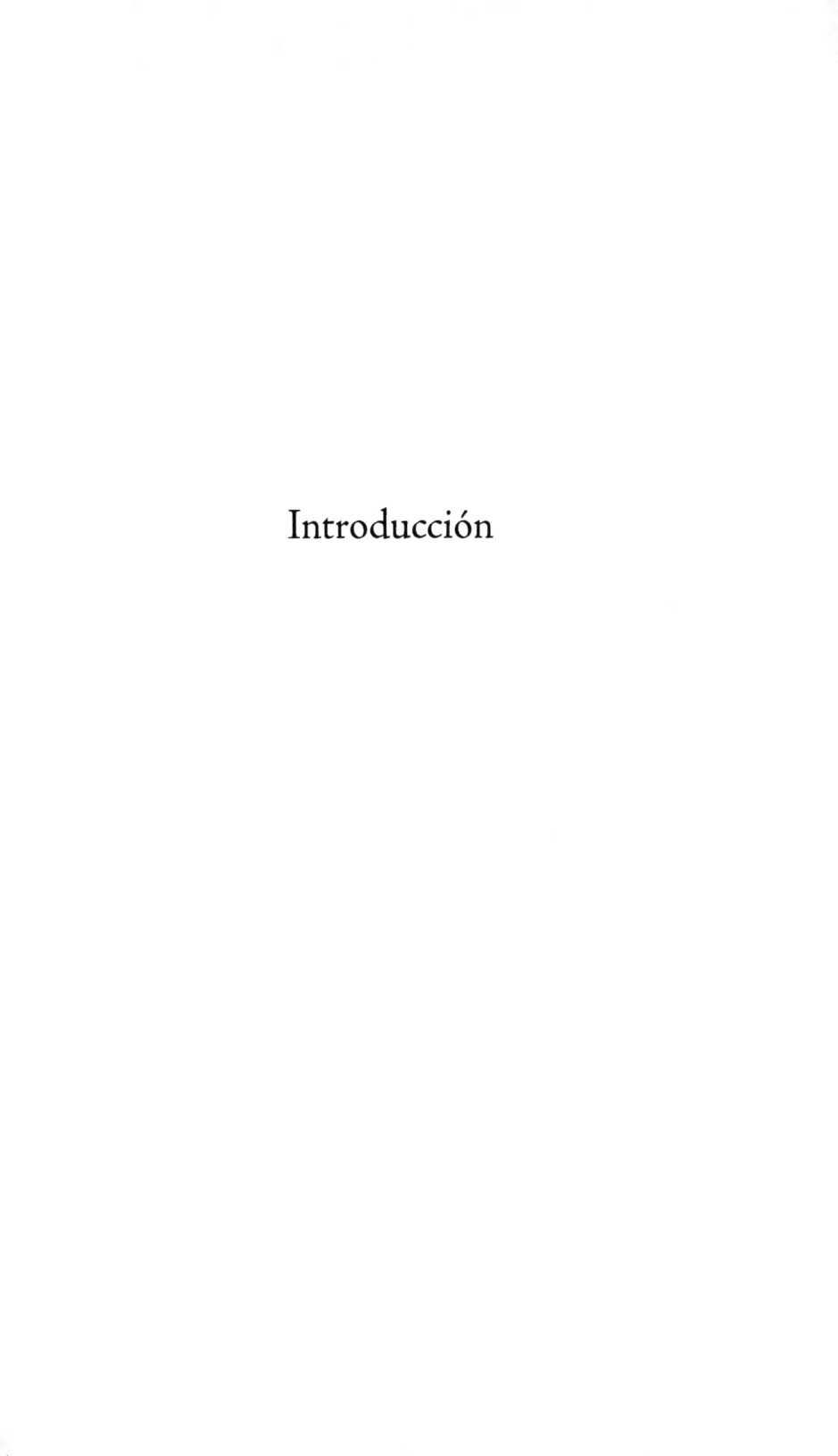

Introducción

La globalización económico-financiera, que se consolidó como tal hacia mediados de la década de los 80, fue presentada a los ojos de los ciudadanos comunes del mundo como una suerte de revolución democrática global, en la que tanto las comunicaciones como los negocios y las finanzas podían circular libremente por el planeta, sin fronteras ni restricciones.

El libre mercado internacional (con instituciones planetarias que pasaban a protegerlo, como la Organización Mundial de Comercio, por ejemplo) y la libre circulación de la información (que amparaba el derecho de los grandes conglomerados mediáticos a instalar sus bases en casi cualquier país del mundo) generaron un entramado en el que la producción de bienes, las finanzas y la creación de sentido, en general, fueron concentrándose en una pocas, poderosas y privilegiadas manos, capaces de detentar muchísimo más poder que cualquiera de los gobiernos del mundo (incluido EE.UU.).

Desde un discreto segundo plano, ese nuevo poder planetario no sólo comenzó a *incidir* en las políticas públicas de los países; empezó a *decidir* las políticas sociales, económicas, y hasta las relaciones internacionales entre los distintos Estados, y todo ello para su provecho.

Las guerras, por ejemplo, cumplieron un rol primordial en el crecimiento patrimonial de petroleras, contratistas militares, empresas de informática, bancos, etc.

Pero como, desde luego, todo poder debe legitimarse a partir de imponer un determinado "sentido común" y un cierto modelo cultural entre las sociedades sobre las que impera, la *corporatocracia* debió robustecer de manera fundamental el ala del "gobierno corporativo" encargado de dicha función: la prensa, los medios de comunicación, los gigantes dedicados a lo que genéricamente se conoce como "entretenimiento".

Decía Napoleón que las bayonetas sirven para muchas cosas, menos para sentarse sobre ellas. Lo decía porque ya, a comienzos del siglo XIX, Bonaparte había entendido mejor que nadie que a ningún imperio le aguardaría una vida prolongada si debía sostener su poder únicamente con las armas.

Con esa *aggiornada* lógica napoleónica, el gobierno de las corporaciones fue haciendo su trabajo, reservando su poder de fuego sólo para situaciones extremas, como aconsejaba el célebre corso.

Más importante que el hecho de que Apple tenga un valor de capitalización superior al PIB de Argentina, Grecia, Polonia, Suecia, Arabia Saudita y Taiwán, era que los ciudadanos norteamericanos, por ejemplo, apoyaran la invasión militar a Afganistán, a Iraq y eventualmente a Siria.

Más importante que arrancarles a los gobiernos europeos toneladas de euros para solventar la rapiña financiera de los bancos, era convencer a los ciudadanos de esos países de que había llegado la hora de empobrecerse porque hasta entonces habían vivido por encima de sus posibilidades.

La tarea, impecable en algunos casos, exigió un lento pero fructífero proceso de colonización de los poderes judiciales; un accionar menos trabajoso sobre las dirigencias políticas, a partir del posicionamiento público que podían darles o negarles los medios de comunicación y, por fin, el adoctrinamiento ideológico-político-económico de las ciudadanías.

Ya en el siglo XIX y principios del XX, sin que hubiese llegado aún la globalización y sin que los medios de comunicación jugasen todavía un rol tan determinante en la vida de las personas, había quienes advertían sobre el poder creciente de ese conglomerado de empresas cada vez más incapaces de armonizar el lucro con la ética, las ganancias razonables con el respeto hacia la Naturaleza y hacia la Humanidad.

El propio Thomas Jefferson ya había dicho: "Creo que las instituciones bancarias son más peligrosas para la libertad que los ejércitos". Pero en sus tiempos resultaba más sencillo descubrir el accionar corporativo de lo que resulta hoy

La maquinaria comunicacional, los formadores de opinión, los juristas, los políticos y hasta los publicistas llevan a cabo la tarea de construir consenso alrededor del poder corporativo.

Si Paul Singer, titular de un fondo financiero especulativo (*buitre*, en la jerga usual) es uno de los mayores aportantes a la campaña electoral del Partido Republicano en los Estados Unidos, no parece demasiado posible que los legisladores de dicho partido propicien leyes para regular la rapiña de dichas corporaciones financieras.

Sin embargo, el salto cualitativo que produjo la *corporatocracia* desde finales del siglo XX radicó en que ya no sólo conducía desde las sombras a los líderes políticos, sino que empezaba a tener a sus propios representantes en los cargos públicos. Tomemos a Europa, por ejemplo. En Italia y en Grecia, Mario Monti y Lucas Papadamos fueron primeros ministros en sus países; Mario Draghi fue presidente del Banco Central Europeo. Los tres habían sido ejecutivos de Goldman Sachs, la misma corporación que colaboró con el gobierno griego para falsear sus cuentas públicas.

En los Estados Unidos sólo seis corporaciones controlan todo lo que ven y escuchan los norteamericanos. Seis grandes empresas que instalan patrones culturales, conceptos de razonabilidad y "normalidad", deseos, ambiciones, necesidades y creencias en millones de ciudadanos.

Por ese poder, precisamente, Larry Summers, otro hombre de Goldman Sachs, pudo ser una de las principales figuras del equipo económico estadounidense.

La CNN en español, por ejemplo, les detalla a los 200 millones de televidentes hispanoparlantes que tiene en todo el mundo, las "maldades" que perpetran los gobiernos progresistas de América Latina ("populistas", según los llaman), por lo cual todo intento destituyente que se ensaye contra ellos será prevalidado como un acto de "libertad republicana".

Esos consecuentes "comunicadores" acompañaron el golpe de Estado contra Chávez en Venezuela, la sublevación policial contra Correa en Ecuador, el golpe palaciego que derrocó a Lugo en Paraguay y los intentos de asonada civil contra Morales en Bolivia y contra Cristina Kirchner en Argentina. Todo, en nombre del libre comercio y las instituciones republicanas.

Las grandes corporaciones reinan. Explicar cómo funcionan, revelar la lógica con la que manejan el gobierno global corporativo y descubrir los perniciosos vínculos que establecen con las instituciones republicanas, y con la democracia misma, son los objetivos de este libro.

Capítulo 1

La sensibilidad de los duros

> "Las empresas son, simplemente, tan totalitarias como el bolchevismo o el fascismo. Poseen las mismas raíces intelectuales de principios del siglo XX. Por ello, al igual que otras formas de totalitarismo tuvieron que desaparecer, tiene que ocurrir con las tiranías privadas. Tienen que ser puestas bajo control público".
>
> Noam Chomsky

Sin dudas, la democracia tiene sus bemoles. El voto libre y universal con el que los pueblos eligen a sus gobernantes (mandatarios, en realidad) no tiene reaseguro alguno. Un presidente que traiciona el sentido de ese voto implementando políticas diferentes de las que prometió (y por las que fue votado) no habrá de tener más condena que, a lo sumo, perder las elecciones siguientes, en caso de que esté habilitado para ser reelecto. En lo inmediato, son pocas (o ninguna) las herramientas que tiene en sus manos un elector para penalizar a un gobernante que lo defrauda. No ocurre lo mismo con las corporaciones.

Si bien es cierto que en un sistema democrático, representativo, republicano los candidatos electos son representantes de los votantes y deben responder al interés colectivo de toda una sociedad, el poder para cumplir con esa obligación fundamental no suele estar tampoco en sus manos. Poco a poco, desde hace ya más de un siglo, los políticos han debido irse resignando a gobernar tutelados por las grandes corporaciones que, a diferencia del ciudadano común, sí cuentan con herramientas poderosas para que se prioricen sus intereses, y pueden dar oportunos golpes de timón o revertir supuestos liderazgos.

Golpes de mercado, corridas cambiarias, procesos inflacionarios o fusilamientos mediáticos integran parte del arsenal con que el imperio de las corporaciones disciplina a los gobernantes del mundo. Aunque siempre cuentan con munición más pesada si aquellas no fuesen suficientes, y los ejemplos abundan.

Un menú inaceptable

El 10 de agosto de 1979, Jaime Roldós Aguilera, un aboga-do de 38 años, asumió como presidente de Ecuador luego de casi diez años de dictaduras civiles y militares. Liderando la Concentración de Fuerzas Populares (CFP) y en alianza con la democristiana Democracia Popular, Roldós llegó a la primera magistratura con un programa político orientado a mejorar la calidad de vida de los trabajadores, a preservar las riquezas del país y a garantizar los derechos humanos de los habitantes de todo Ecuador, en un tiempo en el que las dic-taduras militares eran mayoría en el subcontinente. Augusto Pinochet, en Chile; Jorge Rafael Videla, en Argentina; João Baptista Figueiredo, en Brasil; Alfredo Stroessner, en Para-guay; Alberto Natusch Busch, en Bolivia y desde noviembre de ese año, imperaban entre otros.

Fiel a sus promesas de campaña, Roldós redujo a 40 la can-tidad de horas laborables por semana, duplicó el salario míni-mo y vital de los trabajadores, y puso en marcha un Plan Na-cional de Desarrollo, destinado a reindustrializar a Ecuador.

Aquello no era algo apetitoso al paladar de las corpora-ciones que operaban en el pequeño país latinoamericano, y no aceptaron demasiado el menú. Un fuerte desboque infla-cionario, como el que lanzaron pocos meses después de asu-mido el joven presidente, podía (y en efecto pudo) revertir la política redistribucionista puesta en marcha por Roldós.

Lo que no tenía remedio, a juicio de la *corporatocracia* y sus variopintos gendarmes (Fondo Monetario Internacional, Ban-co Mundial, Organización Mundial de Comercio y CIA), era la cerrada oposición del presidente a tomar deuda con los or-ganismos crediticios en las condiciones que estos exigían, y su firme decisión de preservar para la nación las riquezas petrole-ras. Eso entraba en colisión con el recetario clásico.

En el año 2004, apareció un libro con un título sorpren-dente *Confesiones de un sicario económico*. Su autor, John Per-kins, un brillante economista de Nueva Inglaterra que había trabajado durante diez años para la Chas T. Maine Incorporated en calidad de "operador" sobre los distintos gobiernos de América Latina, decidió contar cómo actúa la fuerza de choque de la *corporatocracia*, en los países más pobres.

Según explicó Perkins en una entrevista:

"El primer paso es identificar a un país que cuente con valiosos recursos naturales, como el petróleo. Luego hay que corromper al líder de dicho país y concertar un enorme préstamo a través del Banco Mundial o una de sus organizaciones hermanas. Pero el dinero nunca llega realmente, sino que va a parar a nuestras corporaciones para construir infraestructura en ese país: plantas eléctricas, parques industriales, puertos. Negocios que benefician a nuestras corporaciones y a la minoría rica de ese país, pero no a la mayoría de la gente en absoluto [...]. Es una deuda tan grande que no pueden devolverla. Es parte del plan. Ahí aparecemos nosotros, los sicarios económicos, para decirles que si no pueden pagar su deuda les vendan petróleo barato a nuestras compañías petrolíferas [...]".

Pero, con Jaime Roldós, la táctica de las corporaciones chocó contra dos obstáculos que resultaron infranqueables. El joven abogado se mostró incorruptible, y su decisión que defender las riquezas naturales de su país, poniéndolas al servicio de mejorar la calidad de vida de su pueblo, fue inquebrantable. Y hubo que apelar a medidas más drásticas.

El 24 de mayo de 1981, Roldós, junto a una comitiva que incluía a su propia esposa, Martha Bucaram, al ministro de Defensa, a tres tenientes coroneles, al piloto y edecán del presidente, al copiloto y a una azafata, abordaron un Beechcraft King Air, perteneciente a la Fuerza Aérea Ecuatoriana, y volaron hacia Macará, en donde el presidente debía tomar un helicóptero que lo trasladaría al pueblo de Zapotillo.

Nunca llegaron. La aeronave, recientemente adquirida para ser utilizada como avión presidencial, se estrelló contra el cerro Huayrapungo, y virtualmente se desintegró. Sólo los cuerpos de Roldós y de su esposa pudieron ser reconocidos. Los cadáveres del resto de la comitiva resultaron imposibles de identificar.

Los partes oficiales no tardaron en calificar el hecho como un accidente. La mayoría de los ecuatorianos, en cambio, no dudó de que aquello había sido un atentado.

Luis Freitas, en un trabajo sobre el mencionado libro de John Perkins (*Confesiones de un sicario económico*), aporta algunos datos sobre el oscuro proceso de investigación que se llevó a cabo tras la muerte de Roldós y su comitiva:

"Uno de sus aportes más significativos [de la comisión parlamentaria], sin embargo, lo constituyó el peritaje que solicitó al departamento de investigaciones de accidentes de aviación de la policía de Zúrich, que, en 1982, estableció que los motores de la nave habían estado inactivos cuando el aparato impactó contra la montaña. Esta conclusión pericial, que contradecía el informe de la fuerza aérea, no mereció ninguna investigación ulterior por parte del gobierno o la fiscalía ecuatoriana".

Más adelante, Freitas reproduce al propio Perkins, quien da su versión de lo que ocurrió aquella tarde del 24 de mayo:

"Apenas el avión se estrelló, toda el área fue acordonada. Los únicos autorizados a pasar fueron los miembros de una base estadounidense cercana y algunos militares ecuatorianos. Luego sucedieron muchas cosas extrañas alrededor de la muerte de Jaime Roldós. Cuando se inició la investigación, dos de los testigos claves murieron en accidentes de autos antes de que tuvieran oportunidad de testificar".

Dice más adelante Perkins:

"En mi rol de sicario económico, obviamente algo esperaba que le sucediera a Jaime. Ya fuera un golpe de Estado o un asesinato, no estaba seguro. Pero tenía que ser eliminado, porque no se estaba dejando corromper de la manera que nosotros esperábamos".

A más de tres décadas de distancia de la muerte de Jaime Roldós, reabrir la investigación sigue siendo imposible. Las últimas evidencias colectadas, que indican que la nave del presidente ecuatoriano habría sido atacada con disparos de cohetes por un avión de la fuerza aérea de Ecuador, más que alentar la reapertura de la causa han clausurado todo intento, por parte de la fiscalía general de ese país, de tratar de llegar a la verdad de lo ocurrido esa tarde de 1981.

Hoy aliado, mañana objetivo

El 31 de julio de 1981, dos meses después del atentado contra Jaime Roldós, la *corporatocracia*, valiéndose de la CIA como brazo ejecutor, pulverizó en pleno vuelo el DHC-6 de la Fuerza Aérea Panameña que transportaba al presidente Omar Torrijos y una reducida comitiva que lo acompañaba.

Como Roldós, aunque liderando un gobierno *de facto*, Torrijos había cometido la letal imprudencia de desafiar al poder económico, concretamente, a las empresas estadounidenses, las que se consideraban el verdadero gobierno del pequeño país centroamericano.

Desde un primer momento, el general de brigada de la Guardia Nacional que lideró el golpe de Estado contra el presidente Arnulfo Arias en 1968 se mostró poco obediente a los mandatos de Washington. Al menos, en cuanto a la usual batería de políticas sociales, educativas y de infraestructura.

Montado sobre el fuerte sentimiento nacionalista de la población panameña, un país que en los hechos había sido siempre un protectorado de los Estados Unidos, Torrijos, al tiempo que proscribía a la mayoría de los partidos políticos y asesinaba opositores, llevó adelante una profunda reforma agraria, estableció una fuerte relación diplomática con Cuba y apoyó la lucha del movimiento sandinista en Nicaragua.

Sin embargo, la gran misión que se había propuesto Omar Torrijos era la recuperación para su país del canal de Panamá, el magnífico paso interoceánico que empujó a Estados Unidos a colaborar con el movimiento separatista que había logrado la independencia del país centroamericano.

En 1973, Torrijos comenzó a desandar el largo camino que lo llevaría al 7 de setiembre de 1977, cuando el líder panameño y el entonces presidente Jimmy Carter firmaron un acuerdo según el cual el 1 de enero de 2000 el canal pasaría a manos del país.

Hasta el momento en que el acuerdo Torrijos-Carter fue firmado, y Estados Unidos se comprometía a ir cediendo progresivamente la soberanía del canal a Panamá, las corporaciones norteamericanas no parecieron molestarse demasiado por las políticas populistas del general de brigada.

Porque, más allá de los derechos de estabilidad laboral y de sindicalización que Torrijos les otorgó a los trabajadores, ninguna de las prebendas de las que gozaban las corporaciones les fueron arrebatadas.

La decisión de que el D HC-6 fuera pulverizado en el aire llegó cuando Torrijos anunció la nacionalización de las empresas de energía y telefonía, todas en manos de transnacionales norteamericanas, y en el momento en que el general panameño entró en negociaciones con un consorcio japonés, liderado por Shigeo Nagano, para construir un canal a nivel del mar.

Y a propósito cuenta John Perkins, encargado también de disuadir a Torrijos:

"Torrijos habló con ellos [con los japoneses] sobre la Corporación Bechtel, que estaba muy disgustada y cuyo presidente era George Schultz; el director jefe del Consejo era Casper Weinberger. Cuando Carter fue apartado, cuando perdió las elecciones y entró Reagan, Schultz asumió como ministro de Relaciones Exteriores desde Bechtel; y Weinberger vino des-

de Bechtel para ser ministro de Defensa. Ellos estaban sumamente enfadados con Torrijos e intentaron hacerle renegociar
el Tratado del Canal y que no hablara con los japoneses. Él se
negó rotundamente".

Lo cierto es que a finales de 1977, con la firma del Tratado
Torrijos-Carter, se acababa el monopolio norteamericano sobre la administración del canal de Panamá, y Omar Torrijos
tomó la decisión de reformar y modernizar el paso interoceánico, una obra millonaria en dólares.

Para la Corporación Bechtel, por entonces la constructora
más grande de los Estados Unidos, perder tamaño negocio a
manos de un grupo japonés resultaba, decididamente, into-
lerable.

En el año 2009, Julio Yao, asesor del Ministerio de Relaciones Exteriores panameño en las negociaciones por el Tratado Torrijos-Carter, publicó un libro en el que abiertamente
denunciaba al gobierno de Estados Unidos y la Corporación
Bechtel como los responsables del asesinato de Torrijos.

Pero fue más lejos, y explicó cuáles fueron las verdaderas
razones por las cuales luego se invadió Panamá y se derrocó
al general Manuel Noriega:

"Noriega fue la persona que realmente impulsó las negociaciones con Japón [...]. Torrijos firmó algunos acuerdos
muy formales entre Panamá y Japón, pero como Estados Unidos no fue invitado a las conversaciones, Reagan se hizo invitar. Sobre todo, después de haber hecho matar a Torrijos".

Como vemos, el autor no apela a rodeos. Pero Yao con-
tinúa y narra cómo surgió entonces lo que se conoció como
Comisión Tripartita para estudiar las alternativas de refor-
mas al canal:

"Noriega tuvo un papel muy complicado. Primero cola-
borando con ellos. Pero también se opuso completamente en

alguno de los puntos, como aquel por el cual Reagan quería que Panamá se aliara incondicionalmente a Estados Unidos. Noriega lo rechazó. Fue a raíz de eso que en abril de 1986 decidieron sacarlo del poder. En el mismo momento ellos dicen que van a usar como pretexto algunas cosas, como el narcotráfico, la corrupción, etc.".

El "ellos" alude al conglomerado de intereses económico-financieros que decide a su antojo la vida y suerte de millones de seres, más allá de los gobiernos, más allá también de las fronteras políticas o ideológicas, porque ni unas ni otras cuentan a la hora de contabilizar pérdidas (siempre pocas y transitorias) y ganancias (siempre muchas e insuficientes).

Corporaciones y política

Con el paso de los años, el desmesurado crecimiento de su poder económico y la puesta en práctica de métodos más sofisticados, los gigantes corporativos ya no necesitaron (en primera instancia) matar presidentes para determinar el rumbo político de los países, o para obtener ventajas que favorecieran sus intereses. La colonización de los tres poderes de los Estados republicanos fue suficiente para gobernar, sin necesidad de contar con un solo voto.

Por ejemplo, el 21 de enero de 2010 la Corte Suprema de los Estados Unidos le asestó un durísimo golpe al sistema democrático de ese país, y las corporaciones se alzaron con una trascendente victoria que se les venía negando desde hacía casi cien años.

Con el dictamen de que el gobierno no puede prohibir que las empresas realicen aportes económicos para las campañas electorales, la Corte derribó la última, aunque endeble, compuerta que se colocaba, tal cual expresó *The New York Time* al conocerse el fallo, en:

"el camino para que las corporaciones empleen sus vastos tesoros para inundar [con dinero] las elecciones e intimidar a los funcionarios elegidos para que obedezcan sus dictados".

En febrero de 2010, el periódico *Rebelión* publicó un trabajo de Noam Chomsky, titulado: "Las empresas toman la democracia de EE.UU". Allí, el brillante intelectual norteamericano expresaba:

"La Corte estuvo dividida, cinco a cuatro. A los cuatro jueces reaccionarios (engañosamente llamados conservadores), se les sumó el magistrado Anthony M. Kennedy. El magistrado presidente, John G. Roberts Jr. tomó un caso que se podía haber resuelto fácilmente sobre bases más limitadas y maniobró en la Corte con el fin de hacer aprobar un dictamen de gran alcance, que revierte un siglo de restricciones a las contribuciones de las empresas en las campañas federales".

Y agregaba Chomsky más adelante:

"Ahora, los gerentes de las compañías podrán, de hecho, comprar directamente comicios, eludiendo vías indirectas más complejas. Es bien sabido que las contribuciones empresariales, en ocasiones envueltas en paquetes complejos, pueden inclinar la balanza en las elecciones y, así, dirigir la política. La Corte acaba de entregar mucho más poder a ese pequeño sector de la población que domina la economía".

Huelga señalar que tamaño triunfo de las corporaciones, que pasan por encima de la razonabilidad de las leyes y las tuercen a su antojo, tamaño logro obtenido nada más y nada menos que en la principal potencia planetaria, excede largamente los límites de la política doméstica de los Estados Unidos. Y si no hay pudor ni escrúpulos en casa, qué queda para los negocios extramuros.

Corporaciones y justicia

La República Argentina reestructuró su deuda en cesación de pagos en dos tramos; uno entre enero y febrero de 2005, y otro entre abril y junio de 2010. Al concluir este segundo canje de deuda, el 93% de los acreedores habían aceptado la quita y el plazo de pagos propuesto por Argentina.

Sin embargo, entre ese 7% de acreedores que no aceptó las condiciones propuestas por el país, se encontraba uno de los más poderosos fondos buitres, NML Capital, propiedad de Paul Singer.

Según la metodología propia de los fondos de inversión especulativos, Singer judicializó la controversia con el país reclamando, en un tribunal neoyorquino, el pago del 100% del valor nominal de los bonos (bonos por los que había pagado menos del 40% de su valor) más los intereses, y de forma inmediata.

Su empresa está radicada en las islas Caimán y no tributa impuestos en los Estados Unidos, pero Paul Singer es uno de los mayores aportantes para las campañas electorales del Partido Republicano. El juzgado que eligió para litigar contra Argentina, oh casualidad, está a cargo de un letrado que responde políticamente a dicho partido.

Thomas Poole Griesa es juez federal por el distrito sur de Nueva York y un hombre con una rara concepción de lo que significa el *pari pasu* (igualdad de condiciones). Cuando Singer llegó a su juzgado reclamando que se le pagara el total de los bonos, en efectivo y en forma inmediata, condiciones de las que no gozaba ninguno del resto de los acreedores que habían acordado con Argentina, Griesa le dio la razón, aduciendo que dicho fondo buitre estaba siendo discriminado.

El resto de los tenedores de bonos, que habían aceptado una quita del 70% del valor nominal y el pago en varios años, reclamó airadamente ante la sentencia de Griesa, aduciendo que allí no había "trato igualitario" alguno.

El juez, visiblemente encolumnado tras los intereses del mayor aportante del Partido Republicano, lanzó una respuesta que dejó sin palabras al propio gobierno estadounidense. Ante el reclamo del 93% de los acreedores, Griesa adujo:

"Esto es difícilmente una injusticia. Los tenedores de bonos reestructurados hicieron su elección de no seguir el mismo camino que los demandantes siguieron".

En otras circunstancias, el fallo de Griesa, ratificado luego por la Corte de Apelaciones de Nueva York (dominada también por los republicanos), hubiese sido apenas otro triunfo de las corporaciones sobre un país latinoamericano con escasas posibilidades de defensa internacional.

Pero en el caso de los fondos buitres contra Argentina, la sentencia del octogenario juez neoyorquino y la convalidación del fallo por parte de la Corte de Apelaciones pusieron en tela de juicio la credibilidad de todo el sistema financiero internacional. A punto tal que (caso inédito) el propio Fondo Monetario Internacional y la Reserva Federal de los Estados Unidos intervinieron a favor de Argentina.

Mañana veremos

Tal toma de partido no era desde luego un alinearse en las filas de la justicia, sino que esa alianza corporativo-político-judicial, tal vez eficaz en lo inmediato y para unos pocos, sentaba un peligroso antecedente y un cartucho de dinamita en las bases de todo un sistema.

Si los acuerdos alcanzados en las reestructuraciones de deudas soberanas de los países corren el riesgo de desmoronarse a partir del fallo de un juez, amigo o aliado de alguna corporación carroñera, ¿qué acreedor y qué país aceptará en el futuro renegociar acreencias? ¿Qué ocurrirá con aquellos países que ya no pueden seguir refinanciando deuda, si se los priva de la posibilidad de solicitar quitas y ampliación en los plazos de pago?

Nada de todo esto, sin embargo, ha sido capaz, hasta el momento, de poner el interés de la comunidad internacional por encima del de las corporaciones, por más especulativas que éstas sean y por más a la luz del día que se muestren sus maniobras y alianzas.

En un trabajo realizado para el Sistema Argentino de Información Jurídica, el notable jurista Javier Rodiño aporta algunas reflexiones inquietantes respecto de cómo la *corporatocracia* gobierna al mundo:

"La ley de bancarrotas norteamericana favorece marcadamente la recuperación del patrimonio en crisis sin perjudicar la satisfacción de los acreedores; pareciera ser que ese criterio sólo resultaría aplicable puertas adentro o para corporaciones de ese país, pues al decidir como lo hizo en el caso argentino, el poder judicial de ese Estado optó por una interpretación abiertamente opuesta a la que suele utilizar en casos internos".

Más adelante, Rodiño lanza una conclusión contundente:

"Ahora bien, no es lógico, ni se encuentra previsto en legislación interna alguna de este planeta, que un 7 por ciento pueda condicionar al 93 por ciento restante".

Empero, rompiendo con toda lógica, y sin avergonzarse por un fallo abiertamente parcial, injusto y que puede hacer tambalear a todo el sistema financiero internacional, Thomas Poole Griesa, y sus amigos de la Corte de Apelaciones de Nueva York, han dictaminado que, en efecto, la minoría tiene mucho más poder que la mayoría, porque esa es la ley en este estado de cosas, sobre todo si la minoría representa el interés de las corporaciones, esos supra-Estados que manejan el mundo.

A la luz de tal esquema de poder, naturalmente, los intereses de Paul Singer están por encima de los del resto de los acreedores internacionales, y por encima, también y en este caso, de los intereses de 40 millones de argentinos.

Corporaciones sensibles

Cooptar a los poderes judiciales de los países en los que están radicadas suele ser una de las primeras tareas que se imponen las corporaciones. Jueces permeables como Griesa o como la Corte de Apelaciones neoyorkina constituyen una avanzada que les garantiza la protección judicial de sus intereses, por encima de los intereses colectivos.

Pero, a veces, ni siquiera esa colonización les resulta suficiente y se proponen ir más allá. Concretamente, buscan ser ellas mismas quienes "impartan justicia". Y ya no en un débil y desprotegido país africano (donde lo hacen, desde luego), sino en la mismísima superpotencia planetaria.

Lewis Franklin Powell Jr. era miembro del directorio de la Philip Morris, y su poderoso estudio de abogados de Virginia (Hunton, Williams, Gay, Powell y Gibson) representaba al Instituto del Tabaco. Entonces, Richard Nixon le ofreció por segunda vez integrar la Corte Suprema de los Estados Unidos.

Como abogado, Powell era especialista en derecho corporativo y el principal asesor de la ultraconservadora Cámara de Comercio de EE.UU., la mayor organización dedicada al *lobby* en el país del norte.

Hasta ese día de mediados de junio de 1971 en que Lewis Powell le dio por fin el sí a Richard Nixon, el hombre de Suffolk, Virginia, y el representante más lúcido de las grandes corporaciones estadounidenses se había negado a integrar el máximo tribunal por dos razones de peso.

La primera se relacionaba con el posible deterioro de sus finanzas personales. La segunda, con que el accionista de la tabacalera, ducho en los manejos corporativos, sabía que bastaba con tener en un puño a los jueces para administrar desde la sombras el servicio de justicia. ¿Para qué exponerse entonces?

Sin embargo, aquella segunda vez en que Nixon le ofreció la poltrona cortesana, fue su amigo John N. Mitchell, por entonces fiscal general de la administración republicana, quien lo convenció de las ventajas adicionales que ofrecía conducir personalmente el máximo tribunal del Poder Judicial norteamericano.

Según escribe Suzanne Lindgren:

"Con Powell en la Corte, las empresas se pusieron a trabajar creando bases jurídicas para financiar las demandas de todo el país [por contaminación o daño ambiental]. Introdujeron la idea de que las empresas son 'personas', 'altavoces', 'voces', y dijeron que las regulaciones gubernamentales sobre la contaminación, los salarios o gastos políticos hacen que las empresas se sientan incómodas".

Esa personificación es curiosa. Es como suponer a una corporación dueña de las mismas sensaciones que el ser humano al que, si su actividad es contaminante o inescrupulosa, afecta y perjudica.

Pronto, el accionista de la Philip Morris comprobaría que su amigo Mitchell había tenido razón. Los reclamos de las corporaciones no sólo tenían ahora un voto asegurado de antemano, sino que contaban con un magnífico operador dentro del mismo Tribunal Supremo, que manejaba los tiempos, los prejuicios y cálculos de sus pares.

Sigue Lindgren:

"Entre 1978 y 1984, Powelll hizo caso omiso de leyes que los ciudadanos habían acordado, beneficiando a las industrias de energía, el tabaco, la banca y la industria farmacéutica".

El 23 de agosto de 1971, cuatro meses antes de ser confirmado por el Senado como nuevo miembro de la Corte Suprema de los Estados Unidos, Lewis Powell redactó un memorándum confidencial para la Cámara de Comercio. Se titulaba "Ataque al sistema americano de libre empresa". Allí el futuro juez pasaba revista a los "daños" que les producían a las corporaciones un conjunto de personas que, a juicio de Powelll, desacreditaban a las empresas con sus críticas hacia las prácticas que el mundo corporativo desarrollaba en el seno de la sociedad.

Decía el futuro juez supremo:

"Las voces más inquietantes que forman parte del coro de críticos proceden de elementos de la sociedad perfectamente respetables. De los campus universitarios, los púlpitos, los medios, las revistas intelectuales y literarias, las artes, las ciencias y de los políticos".

Amplísimo espectro al que, según Powelll, era necesario neutralizar y combatir dedicando los recursos que fuesen necesarios para lograr el objetivo. Entre ellos, interviniendo en cuestiones gubernamentales, controlando lecturas y contenidos de las cátedras en las universidades. La sensibilidad de las corporaciones estaba en primer plano.

Todos son instrumentos

Vale la pena estudiar a fondo ese memorándum confidencial de Powelll, pues da la pauta de cómo el interés de las corporaciones se legitima desde el (supuesto) llano primero, para avanzar luego y sacralizarse desde las más altas esferas del supuesto poder de la gente.

Respecto de los medios, proponía el futuro juez:

"Las cadenas de televisión nacionales deberían ser observadas minuciosamente, de la misma manera que los libros de texto deberían mantenerse bajo vigilancia constante. Esto vale no sólo para los llamados programas educativos [...] sino también para los 'análisis de actualidad' diarios, que tan a menudo incluyen la clase más insidiosa de críticas al sistema empresarial".

Por fin, Powell les recordaba a los miembros de la Cámara de Comercio que las empresas gastan cientos de millones de dólares en publicidad en los medios de comunicación, y que eso debería bastar para disciplinarlos, forzándolos a que defiendan el rol de las corporaciones y actúen como abogados mediáticos de quienes les dan de comer.

Por fin, el futuro juez de la Corte Suprema resumía lo que habría de ser su tarea en dicho tribunal de alzada:

"Los negocios estadounidenses y el sistema de empresa se han visto tan afectados por los tribunales como por el ejecutivo y el legislativo. En nuestro sistema constitucional, especialmente con un Tribunal Supremo de mentalidad activista, la judicatura puede ser el instrumento más importante para el cambio social, económico y político".

¿Se entiende lo de "instrumento"? Cámbiese entonces el beneficiario: no es cambio alguno el objeto de esa instrumentación del sistema constitucional. Es el interés puro y duro del verdadero soberano: el haber de los libros de las grandes corporaciones económico- financieras.

Escrito en el primer año de la década de los 70, cuando aún el neoliberalismo no había logrado ganar la batalla cultural y cuando el mundo desarrollado aun confiaba en el modelo keynesiano del Estado de Bienestar, el memorándum de Powell fue el primer trabajo en el que se proponía una hoja de ruta precisa para configurar un gobierno global, ese difícil de pronunciar y fácil de entender que aquí llamamos *corporatocracia*.

Capítulo 2
La corporación informativa

"No existe la libertad de prensa, tan sólo es una
máscara de la libertad de empresa".

Arturo Jauretche, ensayista argentino

Friedrich von Hayek comenzó a pregonar sus ideas sobre
el libre mercado más absoluto y a defender la libertad indi-
vidual por sobre el interés colectivo, allá por los años 30 del
siglo XX. Sus ideas sobre el modo en que debía manejarse la
economía de un país, y consecuentemente también su política, se contraponían a lo que, por la misma época, postulaba
John Maynard Keynes.

Keynes estaba convencido de que el rol del Estado en
cualquier situación, pero especialmente en tiempos de crisis,
era determinante. Y que, por lo tanto, su intervención en la
economía resultaba fundamental.

Por aquellos años, el mundo estaba sumergido en lo que
se conoció como la Gran Depresión, y la puesta en práctica
del modelo keynesiano fue la fórmula que le sirvió a Estados
Unidos para superar la gigantesca crisis, y también arrancar
a Europa de las garras de la depresión. Así, la voz de Hayek
se apagó durante años. El Estado de Bienestar que proponía
Keynes se convirtió en la hoja de ruta que, durante más de
tres décadas, guio a las economías de la mayoría de los países
del planeta.

Pero en 1973, primero, y en 1979, después, dos crisis petroleras hicieron entrar en recesión a los países desarrollados. Dos años antes de la primera crisis del petróleo, Estados
Unidos, unilateralmente, había anunciado el fin de la paridad
entre el dólar y el oro, que fuera factor de referencia para las
finanzas internacionales.

La combinación de ambos factores, más la desaceleración de la producción industrial en todo el mundo desarrollado, conformaron un cóctel explosivo al cual el keynesianismo no pudo, esta vez, encontrarle respuesta.

Voceros de un nuevo ¿orden?

A partir de aquellas crisis y medidas, el funcionamiento tradicional de los mercados voló por los aires porque, rota la barrera de contención que suponía una paridad cambiaria internacional (el patrón oro), se desató una guerra de divisas y un mercado especulativo. Éste sería además incentivado por la gran masa de dólares excedentes en manos de los países petroleros, que comenzaron a gravitar en los bancos europeos y estadounidenses.

Producir era poco conveniente mientras se pudiera especular con los tipos de cambio y los intereses de deudas soberanas. El sistema financiero necesitaba una completa libertad para moverse sin regulaciones a lo largo y a lo ancho del planeta, y las flamantes empresas multinacionales que fueron expandiendo sucursales por todo el mundo aborrecían ver la mano del Estado controlando condiciones laborales, rentabilidad y concentraciones monopólicas. Y Friedrich Hayek fue rescatado de su largo exilio.

Un nuevo liberalismo, que rompía muchas de las reglas que propusiera Adam Smith, saltó a la escena de la mano de sus mayores impulsores: Margaret Thatcher y Ronald Reagan. Y ese neoliberalismo pronto presentó en sociedad a sus figuras estelares: el omnipotente sistema financiero y las grandes corporaciones multinacionales.

Pero el cambio de paradigma que comenzaría a regir desde los primeros años de la década de los 80 necesitaba de actores que durante los tiempos del Estado de Bienestar no aparecían como imprescindibles. Ahora, en épocas en que la desigualdad social iría en aumento, en que los Estados abandonarían su rol de árbitros y reguladores en los procesos de distribución de las riquezas y políticas sociales, entre otras tantas funciones, a los medios de comunicación masivos se les asignaría la tarea de crear, desarrollar e inculcar una nueva mirada general entre los ciudadanos del mundo entero.

Ricardo Forster, un lúcido y comprometido filósofo argentino, escribió:

"El neoliberalismo, como ideología del capitalismo tardío, comprendió que no era posible garantizar una profunda transformación económica si, al mismo tiempo, no se cambiaba la manera de mirar el mundo y de comprender la realidad. De lo que se trató es de la intensiva producción de un nuevo sentido común".

Agrega más adelante Forster, refiriéndose a los medios de comunicación:

"Son un factor sin el cual le sería muy difícil, a esa ideología [la neoliberal], transformar sus intereses particulares en intereses del conjunto de la sociedad, mutando prácticas egoístas y exclusivamente ligadas al lucro y la rentabilidad en valores naturalizados en el interior de las conciencias".

La tarea fundamental que el nuevo paradigma político-económico-social-cultural les asignó a los medios de comunicación, como fue la de crear un nuevo listado de valores en las conciencias, exigía, además, que dichos medios contasen con un enorme poder de fuego. Debían ser monopólicos.

La nueva y letal arma

Varios siglos atrás (pero no tantos en la historia de la Humanidad), las noticias tardaban mucho tiempo en circular de un lado a otro y, por lo general, llegaban por la vía de un informante, de un viajero, de una carta. Así las cosas, los receptores de la noticia sólo podían contar con una versión de dicha información: la del emisor presencial.

El paso del tiempo y los avances tecnológicos dejaron atrás al viajero como divulgador de las noticias, vale decir, como relator de una parte de la realidad, y el lugar fue ocupado por los medios de comunicación. Nada, sin embargo, cambió en lo esencial. Al igual que el viajero que narraba el hecho según su propia mirada e interpretación, los medios cuentan la realidad desde su prisma. Pero, más que eso, eligen qué debe ser contado y qué no.

El trozo de realidad que se cuenta, el modo mismo de direccionar el relato ya no dependen siquiera del periodista o del editor. Lo que se elige contar y la manera de hacerlo son prerrogativa exclusiva del propietario del medio, en función de sus intereses económicos y políticos.

Durante el siglo XIX y comienzos del siglo XX, este recorte intencionado de la realidad supo tener razones ideológicas. Era parte de la disputa entre dos formas diferentes de ver al mundo y de organizar la política en función de ello: eran marxistas y liberales debatiendo libre mercado o economía planificada.

Pero, desde finales del siglo XX, ese seccionamiento de la realidad y el sesgo del relato marchan en la dirección de legitimar a un gobierno, a un poder, que no llega desde las urnas y que ni siquiera tiene mucho que ver con la democracia. Sí, el gobierno de las corporaciones.

La tarea que les cabe, entonces, es descalificar a la política cuando los políticos no se sujetan a los mandatos corporativos. Y aun si lo hacen el sentido común que construyen los medios debe ser el de echar sospechas sobre la política como tal.

Si se reconoce que 7 grandes corporaciones controlan el 70% de los medios de comunicación masivos que existen en el mundo (Fox News, Time Warner, Disney, Sony, Bertelsmann, Viacom y General Electric), resulta difícil imaginar que no sea trabajo de estas pocas megacorporaciones el imponer lo que los ciudadanos del mundo hoy anhelan, aprueban y rechazan. Resulta difícil imaginar que no sean ellas las que configuren el sistema de creencias, de valores y de principios que los ciudadanos adoptan.

¿Cómo no trabajar para generar consenso dentro de la sociedad estadounidense respecto de una guerra, por ejemplo, si General Electric y Sony están entre los mayores proveedores de insumos para la maquinaria bélica del Pentágono?

Concentración y transnacionalización son, entonces, los dos robustos pilares sobre los que el gobierno de las corporaciones apoyó a su arma más poderosa: la comunicación masiva.

Alfredo J. Palacios Echeverría publicó en setiembre de 2013, en el periódico *Rebelión*, un artículo que merece ser leído con suma atención. Allí dice, por ejemplo:

"Una sociedad globalizada en términos económicos es una sociedad uniformada en términos culturales e informativos. No es nuevo lo que decimos. De hecho, cuando en los ochenta se produjo el intento de establecer un Nuevo Orden Económico Internacional, venía ineludiblemente asociado a la creación también de un Nuevo Orden Mundial de la Información y la Comunicación. Se ponía así de manifiesto que la hegemonía de una elite de naciones sobre el resto no era sólo una cuestión económica, sino que estaba produciendo al mismo tiempo desigualdades en el acceso y distribución de contenidos".

Se podría acaso disentir respecto de si la hegemonía era, efectivamente, de naciones, o si éstas funcionaban y funcionan como plataformas, como base de operaciones de las megacorporaciones planetarias. Pero el concepto general que Palacios Echeverría vuelca sobre la mesa es contundente y comprobable.

Dice a renglón seguido el autor:

"Desde entonces, estas condiciones no han mejorado, sino que se han agudizado con la complacencia de un sistema que se autolegitima a través de los medios de comunicación. No es el único mecanismo utilizado. En realidad, las propias reglas de la dinámica capitalista neoliberal ayudan a que los medios sean, en ocasiones, el refugio en el que descansar. En otras, facilitan la comprensión de un solo modo de ver al mundo, el único posible, que convierte en extraño el pensamiento alternativo. En ambos casos la definición de los mensajes se encuentra perfectamente estructurada para plantear pocas dudas al sistema, fomentar su supervivencia a través del consumo y relajar las mentes sobre el cómodo diván del entretenimiento".

Desde luego, una de las condiciones fundamentales para que la tarea uniformadora y creadora de sentido común que deben cumplir los medios sea efectiva es la concentración de éstos, la reducción a escala imperceptible de las voces discordantes.

El poder de la (des)información

Volvamos a esa elocuente proporción: si 7 grandes corporaciones mediáticas capturan al 70% de la audiencia global, y si otros grupos de medios locales, afines a aquellas, se alzan con otro 20%, el mensaje, el sentido común, los deseos y las elecciones de los ciudadanos marcharán en línea con lo que Ignacio Ramonet denomina "la tiranía de la comunicación".

Leamos entonces a Ramonet:

"Ni Ted Turner, de la CNN; ni Rupert Murdoch, de News Corporation Limited; ni Bill Gates, de Microsoft; ni otras tantas decenas de nuevos amos del mundo han sometido jamás sus proyectos al sufragio universal. La democracia no se ha hecho para ellos. Se encuentran por encima de sus discusiones interminables en las que conceptos como el bien público, el bienestar social, la libertad y la igualdad conservan aún su sentido. No tienen tiempo que perder, sus productos y sus ideas atraviesan sin obstáculos las fronteras de un mercado globalizado".

Y el ensayista da una nueva versión de los nuevos tres poderes, sustituidos bajo la alquimia del lucro y la razón económica:

"En sus esquemas, el poder político no es más que un tercer poder. Por delante se encuentran el poder económico y el poder mediático, y cuando se poseen éstos, hacerse con el poder político no es más que un mero trámite".

Desde hace unos pocos años, algunos gobiernos de países de América Latina vienen luchando por imponer nuevas legislaciones que regulen la escandalosa concentración que han logrado obtener los medios en esos países. La batalla es titánica, porque no sólo dichos medios rechazan furiosamente cualquier tipo de regulación y lanzan campañas destructivas y destituyentes contra esos gobiernos, sino que cuentan con el apoyo (a veces incondicional) de los jueces y de los políticos de la oposición, conscientes, estos últimos, de que ganar elecciones, e incluso sobrevivir políticamente, depende de cuánto se sometan al poder mediático. Una de las grandes corporaciones, en suma, y que obra como tal y en comunidad de intereses con sus hermanas.

América Latina, en particular, ha padecido aquello que señala Ramonet respecto de la relación entre la democracia y las corporaciones. En estos países, los grandes medios han sido siempre los socios mayores de las dictaduras militares más sanguinarias. Y han obtenido beneficios escandalosos a cambio de encubrir crímenes, torturas y desapariciones.

En 2013, y ante una ola de críticas y de pruebas que salieron a la luz, el diario *O Globo*, de Brasil, debió pedir disculpas públicamente por su desembozado apoyo a los militares genocidas que asaltaron el gobierno en aquel país.

A menudo se alzan voces potentes desnudando que el rey está desnudo y, si no son calladas o desvirtuadas de inmediato, algún eco logran. Pero son apenas pequeños triunfos, disparos aislados y aliados del grupo de gobiernos de Sudamérica hoy empeñados en restituir el poder de la política por encima del tutelaje corporativo-mediático.

Oigamos otra vez a Ramonet:

"Según los nuevos amos del mundo, la sociedad de la información lleva consigo nuevas formas de desregulación más allá de los Estados: exigen que cualquier reglamentación sea dejada exclusivamente a cargo del mercado global".

La voz del amo

Históricamente los medios de comunicación se han ligado con el poder económico. Con algunas excepciones (muy pocas) en América Latina, ya en el siglo XIX, los diarios defendían los intereses de la oligarquía más recalcitrante. En Europa y los Estados Unidos, en cambio, la prensa escrita, y luego la radio y la televisión velaban por los intereses del joven empresariado industrial, más dinámico, más moderno que las oligarquías latinoamericanas pero, en todo caso, como representación del poder económico dominante.

En tiempos de globalización, el proceso comenzó a uniformarse. Los medios se concentraron, los grandes grupos económicos fueron capturándolos para utilizarlos como voceros, y esos medios se transformaron en los altavoces de las grandes corporaciones locales y multinacionales.

En América Latina, gigantes como el grupo Cisneros, en Venezuela; Televisa, en México; El Comercio, en Perú; Clarín en Argentina, y O Globo, en Brasil, fueron paulatinamente apagando otras voces y, al mismo tiempo, tejiendo alianzas con las megacorporaciones mediáticas de Estados Unidos y Europa.

La tarea de informar, esencia del periodismo, prácticamente dejó de existir. Frank La Rue, el relator de la ONU para la Libertad de Expresión, fue categórico al responder en una entrevista que le realizó un medio de Buenos Aires:

"Medios comerciales que fueron iniciados por personas con una verdadera vocación de informadores, de periodistas, se convirtieron en medios comprados por corporaciones financieras porque en el fondo se volvieron grandes inversiones. Entonces, se fue perdiendo la vocación de ser periodista y se exacerbó la visión comercial. La noticia quedó deteriorada y se fortalecieron los Rupert Murdoch, los Berlusconi, que buscan vender pero no buscan informar".

Más adelante, La Rue explica las razones por las cuales la concentración es fundamental para las corporaciones mediáticas:

"En mi país, en Guatemala, la televisión abierta es un monopolio unipersonal de Ángel González. Él no tiene ambiciones políticas, pero determina presidencias y candidaturas, porque eso lo perpetúa en el ejercicio de su provecho y sus intereses económicos. Asigna el tiempo de televisión a los partidos políticos y a los candidatos que él desea [...]. Entonces, en el Congreso de la República, es imposible pasar una ley que rompa ese monopolio. La concentración del poder de medios lleva a la concentración del poder político, ya sea en ejercicio directo o no [...]. Siempre existe el interés de jugar de titiritero: 'Yo quiero ser el que controle la vida política del país'. Y efectivamente las grandes concentraciones permiten eso".

El ocaso de una profesión

Como ocurrió en el pasado con los artesanos, cuando la revolución industrial los convirtió en piezas de museos, la *cor-*

poratocracia ha decidido, hoy, prescindir de los periodistas, tal cual se los conocía hasta las últimas décadas del siglo XX.

El estricto disciplinamiento a que los someten las corporaciones mediáticas para comunicar exclusivamente lo que a las empresas les reditúa, y la exigencia de hacerlo tal cual la corporación juzga conveniente para sus intereses, han convertido al periodista o en un *lobbysta* o en un buen maquillador de la "información" que le es dada.

Este cepo, cada vez más elocuente a los ojos de la sociedad, los ha hecho perder no sólo prestigio sino credibilidad, convirtiéndolos en objetos desechables apenas la corporación mediática juzga que ya no son útiles para sus fines.

Amargamente, reflexiona Ignacio Ramonet al respecto:

"Si nos preguntamos acerca de los periodistas y de su papel en la actual concepción dominante del trabajo informativo, podemos concluir que están en vías de extinción".

Y explica, a continuación, tamaño aserto:

"El sistema informacional ya no los quiere. Hoy puede funcionar sin periodistas o, digamos, con periodistas reducidos al estadio de un obrero en cadena, como Charlot en *Tiempos modernos*... Es decir, al nivel de retocador de despachos de agencia".

Ocurre que las poderosas maquinarias mediáticas tienen como objetivo principal construir una realidad, recortada y acomodada a sus fines, a los efectos de uniformar el pensamiento colectivo. Crear cultura. La misma para todos.

Dice Ramonet:

"Vivimos una doble revolución, de orden tecnológico y de orden económico. Quizás estemos a punto de experimentar en este momento lo que yo llamaría la segunda revolución capitalista. Produce una energía enormemente importante que cambia muchas cosas y modifica notablemente el campo de la comunicación, en la medida en que supone una entronización del mercado en el marco de la globalización de la economía".

La información hoy es una mercancía, según afirma Ramonet y es dable comprobar, y como tal está sometida a las reglas del mercado. Y dentro de esas leyes, el trabajador de una empresa debe ser lo más prescindible posible, lo más sustituible, pues es un simple vocero y debe ser disciplinado.

Visto desde este prisma, o sea, utilizando la información como mercancía y arma de combate político, las megacorporaciones mediáticas se han transformado en poderosas maquinarias de hacer dinero.

En 2013, los ingresos generados en el año por The Walt Disney Company fueron de 32.902 billones de euros. Sony Entertainment, entre tanto, facturó en el mismo período 18.358 billones de euros, y Time Warner Inc. 22.361 billones de la moneda europea. Viacom Inc. se alzó con 21.775 billones, y Bertelsmann SE & Co con 16.065 billones.

¿Qué importa la verdad a la hora de asegurar tan redituable negocio? No habrá ya verdadero o falso, sino conveniente o no, aliado o enemigo en el afiebrado mecanismo de facturación de las grandes corporaciones mediáticas.

Capítulo 3
El verdadero Estado Universal

"Estamos frente a un conflicto frontal entre las grandes corporaciones trasnacionales y los Estados. Éstos aparecen interferidos en sus decisiones fundamentales, políticas, económicas, y militares, por organizaciones globales que no dependen de ningún Estado y que en la suma de sus actividades no responden ni están fiscalizadas por ningún parlamento, por ninguna institución representativa del interés colectivo. En una palabra, es toda la estructura política del mundo la que está siendo socavada".

Salvador Allende

El 26 de octubre de 2011, tres investigadores de la Universidad de Zúrich (la más grande de Suiza) publicaron en la revista científica *PlosOne.org* un trabajo con un título sugestivo: "La Red de Control Corporativo Global".

El estudio, llevado a cabo por Stefania Vitali, James B. Glattfelder y Stefano Battiston, demostraba que un grupo de 147 grandes corporaciones manejaba el 40% de la economía global.

Los investigadores de la universidad suiza comenzaron el trabajo analizando la composición societaria y accionaria de 43.060 grandes empresas multinacionales. Ello los llevó a comprobar, en un principio, que según los vínculos accionarios entre unas y otras existía un núcleo de 1318 corporaciones que eran las verdaderas controlantes de las más de 43.000 multinacionales de mayor facturación en el mundo.

No conformes con haber revelado ya un nivel de concentración escalofriante, los investigadores continuaron uniendo lazos y encontraron que, en realidad, esas 1.318 megacorporaciones son, a su vez, controladas por un selecto grupo de 147 gigantes globales.

El proceso de concentración, que puede aparecer como enmarañado y complejo para el ciudadano común, no lo es para el mundo de los negocios globales, y mucho menos para las corporaciones financieras que son, a la postre, la mayoría de los socios del selecto club de las 147.

Allí se encuentran, por ejemplo, Goldman Sachs y Black Rock (dueña de Barclays Global Investors, entre otras megacorporaciones financieras, y socia de Merrill Lynch Co.). Los otros accionista mayoritarios de "las 147" son las corporaciones dedicadas al sector extractivo (petróleo, gas, minerales, etc.).

Cerrando el lazo

En la presentación de la investigación, Vitali, Glattfelder y Battiston adelantaron los resultados:

"Encontramos que las corporaciones transnacionales forman una gigantesca estructura como corbata de lazo y que una gran parte de los flujos de control conducen a un pequeño núcleo muy unido de instituciones financieras".

El proceso de concentración, entonces, se basa en la compra y venta de acciones, fusiones entre compañías, y absorciones de una a otras. Cuando una poderosa transnacional se instala en un país, la mayoría de las empresas locales del sector se ve obligada a venderle sus acciones al gigante recién llegado, con el propósito de evitar una quiebra segura por las imposibilidades materiales de competir con el pulpo multinacional.

A su vez, parte del paquete accionario de la transnacional está en manos de algún megagrupo financiero, que es el que se ocupa de aportar el dinero necesario para las inversiones (instalación, posicionamiento y captura de acciones de empresas competidoras).

En un trabajo titulado "Desenmascaramiento de la súper clase dominante transnacional", dos investigadores estadounidenses, Peter Phillips y Kimberly Soeiro, rastrean quiénes pertenecen a ese grupo de individuos que integran el 1% más rico del mundo.

Entre ellos –encontraron los investigadores– se halla la junta directiva de Freeport-McMoRan, el mayor extractor de cobre y oro del mundo.

Dicen los autores:

"La junta directiva de Freeport-McMoRan representa una porción del 1% global que no sólo controla las más grandes empresas mineras de oro y cobre del mundo, sino que éstas también están interconectadas a través de las juntas directivas de más de una docena de las mayores corporaciones transnacionales, bancos, fundaciones, cúpulas militares y grupos importantes que fijan políticas. Este directorio de doce miembros constituye una red apretada de individuos entrelazados, con influencia en las políticas de otras grandes corporaciones relevantes que controlan, aproximadamente, 200 mil millones de dólares en ingresos anuales".

Más allá del grado de riqueza de los individuos que integra ese 1% de la población mundial, el trabajo de Phillips y Soeiro devela el entramado a partir del cual las corporaciones multinacionales generan grandes oligopolios globales.

Dicen, por ejemplo:

"Freeport-McMoRan está conectado con uno de los mayores grupos capitalistas transnacionales de la elite del mundo: más del 7% de las acciones de Freeport están almacenadas por BlackRock Inc., una de las más importantes corporaciones de gestión de inversiones, con sede en Nueva York".

En paralelo, BlackRock, según apuntan los autores, es la mayor gestionadora de activos de todo el mundo. Tiene sede en Manhattan, pero reparte sucursales a lo largo de 27 países. Emplea a 10.000 personas, y maneja operaciones con corporaciones, sistema jubilatorios, compañías de seguros, fondos soberanos y fondos mutuos de terceros, entre otros rubros sumamente lucrativos.

Esta empresa, fundada en 1988 por Larry Fink y Robert Kapito, gestionaba activos, a marzo de 2010, por 3,36 billones de dólares, y tiene acciones en la petrolera española Repsol y en Telefónica de España, entre otras miles de empresas.

¿Quién califica?

Pero muchísimo más interesante, a los efectos de conocer con qué patrón de medida evalúan la calidad de inversiones en empresas y países las calificadoras de riesgo, es saber que la mayor gestionadora de activos del mundo posee acciones de Moody's y de McGraw Hill. Esto le garantiza, por ejemplo, premiar o castigar a los países según las restricciones y controles que estos impongan sobre el accionar de las corporaciones radicadas en cada uno de ellos. ¿Se entiende? El grupo de los apóstoles corporativos es a la vez juez y parte en los territorios donde realiza sus transacciones.

Un solo ejemplo, entre los muchos disponibles, puede iluminar claramente el modo en que dichas calificadoras de riesgo, movidas como títeres por las grandes corporaciones que, o tienen acciones en ellas o son sus clientes, han llegado a convalidar disparates que acabaron afectando los bolsillos (y la vida) de millones de personas en el mundo.

En el año 2008, el negocio de las hipotecas *sub prime* en los Estados Unidos voló por los aires, marcando el comienzo de la peor recesión ocurrida en el capitalismo desde 1929.

Sin embargo, y a pesar de que muchos economistas venían vaticinando el colapso de tamaño engendro financiero, evaluadoras como Standart & Poor's y Fitch y Moody's premiaron al negocio de las *sub prime* con la mayor calificación posible en cuanto a falta de riesgo: AAA. Dice Joseph Stiglitz:

"El 'mercado' valoró muy mal el riesgo de impago de las hipotecas de alto riesgo, y cometió un error aun peor al confiar en las agencias de calificación y en los bancos inversores cuando éstas lo reempaquetaron dándoles una calificación AAA a los nuevos productos".

Cuando el desastre ocurrió (millones de personas habían perdidos sus casas, sus ahorros y sus empleos), el Comité Bancario del Senado de los Estados Unidos convocó a las calificadoras para que explicaran las razones por las cuales le habían otorgado semejante calificación a tamaño monstruo financiero.

No hubo respuesta, claro. No podía haberla.

Las agencias actuaban en función de los intereses de sus clientes y de sus controlantes. Jamás habían pensado en brindarle un servicio al "mercado".

El final de la historia fue el esperado. Standard & Poor's despidió a su directora, Kathleen Corbet, y debió soportar una caída en sus acciones cercana a los diez dólares. Pero luego... todo volvió a la normalidad.

Aboliendo diferencias

Uno de los efectos del gobierno de las corporaciones es que tiende a diluir los beneficios del mejor sistema de gobierno que ha concebido el Hombre. Ese genio irreverente y contestatario que fue Charles Bukowski escribió una vez:

"La diferencia entre una democracia y una dictadura consiste en que en la democracia puedes votar antes de obedecer las órdenes".

Exagerado acaso, escéptico tal vez, Bukowski describió sin embargo algo que sentirían amargamente y en carne propia los votantes españoles cuando le dieron la espalda al PSOE por la política económica recesiva que había puesto en marcha, y premiaron con el sufragio al PP. Éste, lejos de cambiar la orientación económica, la profundizó hasta generar una descomunal recesión, con un desempleo exorbitante. La frase de Bukowski la padecieron también los ciudadanos italianos, y ni que hablar de los griegos.

Sin embargo, sería ingrato y hasta ingenuo atribuirles a los líderes políticos de casi todo el mundo perversidad, inoperancia o incapacidad. Los Estados-nación, aquellos que llegaron para ocupar el lugar de las monarquías, y la democracia representativa, como modo de elección de los gobernantes de esos Estados-nación, transitan hoy el camino del ocaso.

La capacidad de cada uno de esos Estados para fijar sus propias políticas, reglamentar sus leyes y regular el funcionamiento de sus sociedades, ha mermado hasta rozar, casi, la extinción.

Ni José Luis Rodríguez Zapatero, ni Mariano Rajoy, ni Enrico Letta, a quien su propio partido lo eyectó del gobierno, ni Antonis Samarás pueden apartarse, por ejemplo, de lo que dictamine la Comisión Europea (autora del 80% de la legislación que rige entre los socios de la Unión Europea), ni la Comisión Europea, a su vez, puede desatender las reglas que fijan el FMI, la Organización Mundial de Comercio (OCD) o el Banco Mundial.

Podría argumentarse, con toda razón, que las instituciones de Bretton Woods fueron creadas para favorecer el crecimiento y el desarrollo de esos Estados-nación, y que por entonces apuntalaban un modelo político-económico que se conoció como "Estado de Bienestar".

Es cierto, y así fue mientras el mundo no se había convertido en un todo global, en el que empresas y capitales pudieron moverse sin barreras y sin fronteras, hasta alcanzar dimensiones elefantiásicas.

Sin embargo, algo más de un par de décadas antes de que eso ocurriera, hubo quienes comenzaron a pensar que los poderes políticos de los diferentes países del planeta debían someterse a una lógica común, dictada desde los intereses de lo que ellos ya consideraban el verdadero poder planetario: los dueños del dinero, el selecto club de las corporaciones.

El otro Principito

Entre el 29 y el 31 de mayo de 1954, en el lujoso Hotel Bilderberg, de los Países Bajos, se reunieron un grupo de políticos, empresarios, periodistas y financistas, de Europa, Canadá y los Estados Unidos, convocados por el polaco Joseph Retinger, a los efectos, según dijeron luego, de generar consensos en torno de la lucha contra el comunismo soviético.

El encuentro de tres días fue estrictamente privado (secreto, si se quiere), y así habría de ser desde entonces. Cada año, el Grupo Bilderberg (como se lo denominó) se reúne en algún país del mundo para fijar las estrategias que llevaran a la práctica las otrora benéficas instituciones de Bretton Woods.

La idea de reunir a los hombres más poderosos del planeta y sentarlos alrededor de una mesa para comenzar a delinear un capitalismo global, fue del príncipe neerlandés Bernardo de Lipe-Biesterfeld, un aristócrata que, además de haber pertenecido a las SS, fue la comidilla de la nobleza de su país cuando se comprobó que había aceptado un soborno de 1.100.000 dólares de la empresa Lockheed Corporation, para que convenciera al gobierno de Holanda de la conveniencia de comprarle a la firma norteamericana aviones de combate F-104. El príncipe fue expulsado de las Fuerzas Armadas de los Países Bajos y se le prohibió volver a usar el uniforme.

Acaso fue su breve paso por el nazismo, antes de la Segunda Guerra, lo que convenció a Bernardo de que el propósito de gobernar al mundo no iba de la mano de la cruz esvástica sino de los dueños del dinero. Ante dicha certeza, y al inaugurar la primera reunión en el Hotel Bilderberg, el príncipe proclamó:

"Es difícil reeducar a la gente que ha sido educada en el nacionalismo. Es muy difícil convencerlos de que renuncien a parte de su soberanía a favor de una institución supranacional".

La frase logró que los asistentes lo nominaran presidente de las reuniones que sostendrían de allí en adelante. Algo que sólo se cumplirá hasta 1977, cuando el escándalo de los sobornos salió a la luz. Para este Principito, lo esencial no era "invisible a los ojos".

Por el bien de "los de abajo"

A pesar de que las reuniones del Grupo fueron siempre a puertas cerradas, sin acceso a la prensa y custodiadas severamente por las policías locales, un periodista francés, Thierry Meyssan, pudo acceder a buena parte de los documentos elaborados en las distintas reuniones anuales, merced a la infidencia de uno de los invitados.

El número de asistentes ronda las 120 personas, no siempre las mismas, pero existe un Consejo de Administración que sería, algo así, como el núcleo "duro" del Grupo (o Club) Bilderberg.

Algunos de esos integrantes listados por Meyssan son:

+ Josef Ackermann, director del Deustche Bank y vicepresidente del Foro de Davos.
+ Roger Altman, director del banco de negocios Evercore Partner Inc., y ex consejero de las campañas electorales de John Kerry y de Hillary Clinton.
+ Fran Bernabe, propietario de la telefónica Telecom, de Italia.
+ José Luis Cebrián, director del grupo periodístico español Prisa (cuya nave insignia es el diario El País).
+ George A. David, presidente de Coca-Cola.
+ Victor Halberstandt, asesor de Goldman Sachs y de Daimler-Chrysler.
+ John Kerr of Kinlochard, vicepresidente de la petrolera Royal Dutch Shell.
+ Egil Myklebust, director de la aerolínea Scandinavian Airlines System (SAS).

+ Peter D. Sutherland, ex director general de la Organización Mundial de Comercio, presidente de Goldman Sachs Internacional y ex presidente de la sección europea de la Comisión Trilateral.
+ Daniel L. Vasella, presidente del grupo farmacéutico Novartis.

Estos desde luego son sólo algunos de los poderosos empresarios y financistas. Entre los políticos, Meyssan menciona a:

+ Henry Kissinger, ex secretario de Estado de los Estados Unidos.
+ Martin S. Feldstein, consejero económico de Ronald Reagan y de Barack Obama.
+ George Osborne, ministro de Finanzas británico.
+ David Rockefeller, el miembro más antiguo del grupo y presidente de la Comisión Trilateral.
+ Robert B. Zoellick, presidente del Banco Mundial y ex delegado de Comercio de Estados Unidos.

En 2013, cobijados por las suntuosas instalaciones del The Grove Hotel, en las afueras de Londres, asistieron a la reunión, entre otros, Christine Lagarde, la actual directora del FMI, el infaltable Henry Kissinger y el ministro George Osborne.

Más allá de las múltiples teorías conspirativas respecto de este selecto club de poderosos, es evidente que en esas reuniones no sólo se delinean políticas generales para el mundo, sino que se conciben nuevas y mejores maneras de resguardar los intereses de las grandes corporaciones.

Daniel Estulin, natural de Lituania, es un ex agente de inteligencia de la KGB que, allá por 1980, rompió con la URSS. Desde muchos años atrás había venido espiando las actividades del Grupo Bilderberg.

Radicado en Madrid, desocupado y sin saber bien qué hacer con su vida, un día decidió escribir un libro con la historia del selecto clan. Le ofreció los originales de la obra a Editorial Planeta, y los editores se espantaron. Sólo la intervención del mismo Lara, todopoderoso zar del grupo editorial, logró que el libro viera la luz en 2005. *Club Bilderberg* vendió millones de ejemplares y se tradujo a decenas de idiomas, certificando la clara visión comercial del presidente de Planeta.

En 2010, Estulin habló frente al Parlamento Europeo, que lo había invitado a exponer en relación con las actividades del Grupo Bilderberg, y el lituano dijo, entre otras cosas:

"En el mundo financiero internacional, están aquellos que conducen los eventos y aquellos que reaccionan a los eventos. Mientras que los últimos son más conocidos, mayores en número y más poderosos en apariencia, el verdadero poder yace en los primeros. En el centro del sistema financiero global está la oligarquía financiera representada por el grupo Bilderberg".

Más adelante, Estulin se ocupó de derribar teorías conspirativas y clisés que se han impuesto por la necesaria desinformación sobre el grupo:

"Bilderberg no es una sociedad secreta. No es un ojo maligno omnividente. No hay conspiración aunque muchas personas con sus fantasías infantiles lo vean así. Ningún grupo de personas, y no me importa qué tan poderosas sean, se sienta alrededor de una mesa en la oscuridad, tomándose de las manos, observado una bola de cristal, planeando el futuro del mundo".

Luego, el exitoso escritor pasó a identificar lo que sí es y pretende ser ese selecto club de poderosos:

"La idea detrás de cada una de la reuniones de Bilderberg es crear lo que ellos mismos llaman 'La aristocracia del propósito', sobre la mejor forma de manejar el planeta entre las elites de Europa y Norteamérica. En otras palabras, la creación de una red de enormes cárteles, más poderosa que cualquier nación en la Tierra, destinada a controlar las necesidades vitales del resto de la humanidad; obviamente, desde su punto privilegiado, para nuestro propio bien y beneficio. Nosotros, las clases bajas, como se refieren a nosotros".

Las cosas claras

En 1972, el inefable David Rockefeller, en la reunión anual que llevaba adelante el Grupo Bilderberg, hizo una propuesta que dejó encantado al resto de los participantes. Existían en el mundo tres grandes zonas de influencia, según explicó. Una era el Norte de América, otra Europa y, por último, Japón. En vistas a un adecuado manejo de los asuntos planetarios, no era conveniente que este país asiático careciera de representación en el club de los poderosos. Un cerrado aplauso coronó su luego prolífica sugerencia.

El nuevo foro, al que se denominó pomposamente "Comisión Internacional por la Paz y la Prosperidad", pasaría ser conocida como la Comisión Trilateral, y se constituiría formalmente en 1973.

Conducida por un Comité Ejecutivo, conformado por miembros de las tres zonas de influencia planetaria, la Comisión Trilateral ofrece al mundo, cada año, un recetario económico-político que deberá llevarse a cabo en cada una de las regiones representadas proporcionalmente en el Comité Ejecutivo. Dichas recomendaciones funcionan, a la sazón, como una hoja de ruta para las políticas económicas que les exigirán a los países miembros tanto el FMI como el Banco Mundial y la Comisión Europea.

Sin embargo, más allá de la coyuntura, la Comisión Trilateral, al igual que el Grupo Bilderberg, tienen como propósito fundamental imponer un sentido común, según el cual el mundo debe ser absolutamente interdependiente, gobernado por una instancia supranacional cuyo poder no provenga del voto popular, sino de un cierto "conocimiento omniabarcativo" capaz de alumbrarles el camino correcto a los seres humanos.

La declaración por ellos dada a conocer en 1975, tras la reunión de ese año, fue contundente al respecto:

"La Comisión Trilateral espera que, como feliz resultado de la Conferencia, todos los gobiernos participantes pondrán las necesidades de interdependencia por encima de los mezquinos intereses nacionales o regionales".

Aunque contundente, la declaración que ese año la Comisión dio a conocer al mundo no le resultó suficientemente explicativa al histórico líder de los poderosos, David Rockefeller, quien se apuró a aclarar:

"De lo que se trata es de sustituir la autodeterminación nacional que se ha practicado durante siglos en el pasado por la soberanía de una elite de técnicos y de financieros mundiales".

Podrá endilgársele cualquier cosa a don David, menos el no haber sido lo suficientemente claro.

El sueño del Gran Hermano

David Rockefeller, empero, es sólo el comandante supremo de las fuerzas de choque con que cuenta la Trilateral, que planea desestabilizaciones y golpes de Estado, organiza corridas cambiarias y golpes de mercado.

La verdadera eminencia gris de la Comisión es Zbigniew Brzezinski, el hombre que descubrió y llevó a la presidencia de Estados Unidos a Jimmy Carter.

En 1970, anticipándose en más de una década a su tiempo, Brzezinski publicó un libro con un título sugerente: *Entre dos épocas: El rol de América en la Era Tecnotrónica*. Allí, el futuro consejero de Seguridad Nacional hablaba de las cuatro fases en que puede dividirse la evolución político-social de la humanidad.

Al llegar a la cuarta fase, precisamente la de la Era Tecnotrónica, Brzezinski decía:

"El Estado nación como una unidad fundamental de la vida organizada del hombre ha dejado de ser la fuerza creativa principal. Los bancos internacionales y las corporaciones multinacionales están actuando y planeando en términos que están lejos de los conceptos políticos de Estado-nación".

No era fácil en 1970, cuando todavía la idea de Estado de Bienestar seguía rigiendo el comportamiento político-económico de la mayoría de los países del mundo, imaginar con tamaña lucidez el modelo neoliberal que se presentaría en sociedad recién diez años más tarde.

La lúcida y anticipatoria mirada de este intelectual polaco nacido en Varsovia, y convertido por decisión de Rockefeller en el primer presidente de la Trilateral, lo condujo a convocar (para que fueran parte de dicha comisión que aspiraba a gobernar el mundo) a los máximos dirigentes de Shell, Exon, Coca-Cola, Chase Manhattan Bank, Hewlett-Packard, Lehmann Brothers y la banca Rothschild. Además, entre los 300 representantes de las grandes corporaciones que fijarían políticas mundiales, figuraban directores de Caterpillar, Mitsubishi, Nippon Steel, Fiat y Sony; desde luego, repetimos, entre otros gigantes multinacionales.

Zbigniew Brzezinski había imaginado, ya desde antes de ser sentado en el sillón presidencial de la Comisión Trilateral por su mentor David Rockefeller, ese gobierno mundial en el que debía convertirse la Trilateral.

Y así lo explicó en su libro insignia:

"La Era Tecnotrónica va diseñando paulatinamente una sociedad cada vez más controlada. Esa sociedad será dominada por una elite de personas libres de valores tradicionales, que no dudarán en realizar sus objetivos mediantes técnicas depuradas con las que influirán en el comportamiento del pueblo, y controlarán y vigilarán con todo detalle a la sociedad, hasta el punto de que llegará a ser posible establecer una vigilancia casi permanente sobre cada uno de los ciudadanos del planeta".

Cuatro décadas antes de que Edward Snowden diera a conocer el sistema de espionaje puesto en práctica por el gobierno de los Estados Unidos, Brzezinski lo había anticipado.

La puerta giratoria

Pasados aquellos primeros tiempos de fundación, en los que la Trilateral se ocupaba básicamente de fijar su propia visión sobre cómo debía funcionar el mundo y procuraba imponerla, y ya en la actualidad, sus miembros y sus decisiones rigen el planeta. Y esto no es un mero delirio conspirativo.

Cuando estalló la crisis de Europa, allá por 2008, que rápidamente fue transformándose en un profundo proceso recesivo con final aún incierto, los hombres que quedaron a cargo de instrumentar una salida, mayoritariamente, pertenecían a la Comisión.

En 2011, recordaba Marion Mueller para el portal *Oro y Finanzas*:

"Muchos de los encargados de tomar las 'medidas decisivas' con las que resolver la crisis de la deuda en Europa, como Mario Monti, actual primer ministro italiano, Lucas Papademos, primer ministro griego, o Timothy Geithner, secretario del Tesoro de los Estados Unidos, son miembros de esta organización".

Pero no sólo en Europa fue la Trilateral la que decidió cuáles debían ser los caminos a recorrer para superar a crisis, algo que, hasta la fecha, no se ha logrado. También Barack Obama incorporó a su elenco de gobierno a connotados hombres del "club de los poderosos".

Recuerda Mueller que el presidente colocó:

- ◆ A Timothy Geithner en la Secretaría del Tesoro.
- ◆ A Susan Rice como embajadora ante las Naciones Unidas.

+ Al general James L. Jones como consejero de Seguridad Nacional.
+ A Thomas Donilon como consejero comisionado de Seguridad Nacional.
+ A Paul Volker como presidente del Comité de Recuperación Económica (Volker había sido presidente de la Reserva Federal).
+ Al almirante Dennis C. Blair como director de Inteligencia Nacional.
+ A Kurt M. Campbell como secretario de Estado Auxiliar.
+ A James Steimberg como comisionado de la Secretaria de Estado.
+ A Richard Haass como enviado especial del Departamento de Estado.
+ A Denis Ross y a Richard Holbrooke, ambos también como enviados especiales del Departamento de Estado...

Y ello, en un gobierno que teóricamente venía a diferenciarse de las duras épocas republicanas, a ponerse del lado de la gente, etc., etc., etc. ¿Quién gobierna entonces?

En los Estados Unidos, entre las elites, se usa un término que ha llegado a ser una definición en sí misma, y que ya a nadie asombra: *revolving door* (puerta giratoria). Éste describe ese proceso en que directivos de las grandes corporaciones pasan durante cierto período de tiempo en la función pública, y luego regresan a sus empresas.

El general James Jones que, como se ha visto, fue consejero de Seguridad Nacional de Barack Obama, entre 2009 y 2010, venía de integrar el directorio de la fábrica de aviones Boeing y de Chevron Corporation, además de haber integrado el Consejo de Administración de Cross Match Technologies. Pero mientras era director de dos empresas, por ejemplo, ocupaba, al mismo tiempo, el cargo de enviado especial para la Seguridad en Medio Oriente, nombrado por la ex secretaria de Estado Condoleezza Rice.

Huelga decir que Boeing es una de las empresas que integran el aparato industrial-militar de los EE.UU. y una de las que más ganancia obtiene con las contrataciones del Pentágono. Entonces vale la pena volver (aunque retóricamente) a preguntarse:

¿Quién gobierna los destinos del mundo?

¿Qué pueden esperar los países periféricos si la principal potencia mundial exhibe esa "puerta giratoria" exenta de la decisión y el arbitrio del sufragio popular?

En la Convención Nacional Demócrata de 2004, Obama dijo:

"Ése es el verdadero genio de América, una fe en los sueños simples de sus personas, la insistencia en milagros pequeños. Que podemos decir lo que nosotros pensamos, escribimos lo que nosotros pensamos, sin oír un golpe en la puerta. Que podemos tener una idea y comenzar el propio negocio sin pagar un soborno u oír un golpe repentino en la puerta. Que podemos participar en el proceso político sin temor de represalias, y que nuestros votos serán contados, *al menos la mayoría de las veces.*"

La bastardilla es nuestra. Y en ese *al menos* radica la gran diferencia.

Capítulo 4
ARMAS DE ACERO... Y DE PAPEL

"Estados Unidos estará a salvo, siempre y cuando todos los ciudadanos tengan un palo en la mano".

Barak Obama

Estados Unidos es el país más belicoso del mundo. Gracias a las guerras, ha conquistado territorios, disciplinado países para que protejan y defiendan los intereses de Washington, y también debe a las guerras el haberse convertido en una potencia mundial.

Para la Casa Blanca, sea cual fuere el inquilino que la ocupa, la política bélica es una cuestión de Estado. Los misiles le permiten a Estados Unidos obtener petróleo, agua, granos, metales, alineamientos políticos y, antes que nada, multimillonarios negocios para las corporaciones que se dedican a cada rubro. No es casual, entonces, que (al modo de la transacción feudal protección-negocios) 7 de las 10 grandes corporaciones que proveen al Pentágono sean estadounidenses, y todas se beneficien de esa economía con bases en la guerra.

En setiembre del 2013, Abel González Santamaría, un abogado cubano, especialista en Relaciones Internacionales y Seguridad Nacional, escribió un artículo apoyándose en un informe que dio a conocer el Instituto de Investigación de la Paz, de Estocolmo, en el que se listan las 10 mayores participantes del aparato industrial-militar de los Estados Unidos, las que en conjunto, en el año 2011, facturaron 465.770 millones de dólares en provisión de material bélico. Veamos algunos datos:

+ La estadounidense Lockheed Martin, según informa González Santamaría, le vendió sus productos al Pentágono por un valor de 36.270 millones de dólares, obteniendo una ganancia neta de 2.655 millones. La empresa produce armadura de misiles, electrónica y espacio aéreo.

+ Otra norteamericana, Boeing, que suministra aviones, misiles, logística del espacio aéreo y electrónica, facturó 31.830 millones de dólares, embolsando ganancias por 4.018 millones.

+ General Dynamics, también de origen estadounidense, vendió artillería y electrónica por un monto de 23.760 millones de dólares, lo que le significó una ganancia neta de 2.526 millones.

+ La norteamericana Raytheon, fabricante de misiles y electrónica, le facturó al Pentágono 22.470 millones, obteniendo una ganancia de 1.896 millones de dólares.

+ Northrop Grumman, coterránea de las anteriores, proveyó aviones, buques de guerra, misiles y electrónica por valor de 21.390 millones del billete verde. Sus ganancias netas ascendieron a 2.118 millones.

+ La estadounidense Communications le vendió electrónica al Pentágono por un valor de 12.520 millones de dólares, con una ganancia neta de 956 millones de dólares.

+ La también norteamericana United Technologies, que produce aeronaves, motores y electrónica, vendió por un valor de 11.640 millones de dólares, obteniendo una ganancia de 5.347 millones.

Si se suma a ello la británica Bae System, que produce aviones, misiles, artillería, vehículos militares y naves, que facturó por valor de 29.150 millones de dólares, con una ganancia neta de 2.349 millones; la empresa de la Unión Europea, EADS, que con su fabricación de aviones, misiles y electrónica, vendió 16.390 millones de dólares y ganó 1.442 millones; y la italiana Finmeccanica, que con su producciones de aviones, vehículos de artillería y misiles, facturó 14.560 millones de dólares y ganó 902 millones, se llega a una cifra verdaderamente impresionante.

Cosméticos, vinos y gatillos

En un año, 10 de las corporaciones proveedoras de material para la guerra ganaron 24.209 millones de dólares. Más que el PIB de Zambia (21.930 m), Mozambique (23.870 m), Nicaragua (18.770 m), República Democrática del Congo (18.360 m) y apenas por debajo del de Jamaica (24.580 m).

Dice Abel González Santamaría:

"La conclusión es evidente. Mientras más guerras hay, más armas se necesitan y por tanto más dinero se suministra al 'complejo militar-industrial', una especie de estado supranacional al que muy poco le importa el bienestar y el desarrollo de la humanidad".

Si bien las enumeradas más arriba son las corporaciones más poderosas en lo que a suministro de material bélico se refiere, existen otras no identificadas con este rubro y que sin embargo, también "beben" del negocio de la guerra.

Una de ellas es MacAndrew & Forbes, identificada con los cosméticos Revlon y con la electrónica Panavisión. Sin embargo, el megagrupo alberga en su seno a AM General, la empresa que produce los mundialmente conocidos vehículos Humvee, popularizados por el ejército de Estados Unidos (que adquirió más de 300.000 unidades) y que hoy AM General vende en casi todo el mundo.

También esta subsidiaria de MacAndrew & Forbes ha participado en el desarrollo de vehículos robots autónomos, que financió la Agencia de Investigación de Proyectos Avanzados del Departamento de Defensa de los Estados Unidos.

Evergreen International Airlines es una empresa a la que el público en general conoce por sus servicios aéreos privados y por sus negocios en los rubros de productos agrícolas, vinos y viveros (Evergreen Agricultural Enterprises, Inc.).

Sin embargo, en 2008, el periodista Nick Turse escribió un artículo en el que se ocupaba de desenmascarar a varias empresas de actividad en apariencia distante de los avatares bélicos. Entre ellas, claro, Evergreen. Dice Turse:

"Evergreen fue una de sólo un puñado de compañías privadas con permisos válidos para aterrizar en bases militares de los EE.UU. en todo el mundo. Ese mismo año [2006], la compañía incluso transportó a la personalidad de *FOX News*, Bill O'Reilly, y a su show televisivo a Kuwait e Iraq para ver y saludar a los soldados, firmar libros y fotos, y distribuir baratijas. Y recién el año pasado la compañía formó parte de un consorcio, incluyendo a prominentes transportadoras comerciales como American, Delta y United Airlines, al que el Pentágono adjudicó un contrato firme a precio fijo por 1.031.154.403 dólares para servicios de transporte internacional".

Delicias del negocio de la guerra.

La corporación del fuego

Cuando Zbigniew Brzezinski pronosticaba, al comenzar los años 70, el fin de los Estados nación y la emergencia de un nuevo poder mundial, conformado por poderosas corporaciones multinacionales, no excluía a los Estados Unidos, en tanto Estado nación. La única diferencia que por entonces había imaginado el estratega polaco era que el gigante del norte de América funcionara como el gran articulador de las políticas surgidas de ese gobierno supranacional.

Y habrá que admitir que las distintas administraciones de Washington cumplieron eficientemente con dicho propósito.

La guerra, se sabe, y el propio Estados Unidos lo comprobó con los magníficos resultados cosechados tras su participación en la Segunda Guerra Mundial, es un negocio económico de magnitudes. La mayoría de las grandes corporaciones puede ser parte de ese negocio; produzcan éstas o no armamento, como vimos.

El ataque a las Torres Gemelas, se sabe hoy (¿es políticamente incorrecto decirlo? Léase entonces: "hay muy fundadas sospechas de que..."), fue una operación cuidadosamente programada por los servicios de inteligencia estadounidenses para que George Bush hijo llevase a su país a la guerra, como parte de una exigencia corporativa. Tiempo antes de que la primera bomba cayera sobre Bagdad, esto había tomado ya estado público. No para el norteamericano común, al que la mayoría de los medios de comunicación estadounidenses le clausuraron la información.

Lo cierto es que incluso antes de que Bush anunciara la aventura bélica destinada a cazar a Sadam Hussein (antiguo socio de Washington), el gobierno norteamericano había ya distribuido entre las corporaciones de su país las ganancias que el petróleo y la reconstrucción de Iraq dejarían en las arcas de dichas corporaciones.

En agosto de 2013, el politólogo y economista Marco Antonio Moreno publicó un artículo realmente revelador sobre las maniobras perpetradas por la Casa Blanca como articuladora de los intereses corporativos. Cuenta Moreno:

"La USAID [Agencia de EE.UU. para el Desarrollo Internacional] había enviado una invitación secreta a cinco grandes empresas de Estados Unidos para que presentaran ofertas en la reconstrucción de edificios, puentes, hospitales, caminos, aeropuertos, puertos, plantas para tratamientos de agua, etc. El piso inicial que ofrecía el gobierno a estas empresas fue de 900 millones de dólares, con la promesa de que los trabajos se harían... aunque ya estuviesen hechos [...]. Los costos de esa guerra fueron cubiertos con fondos públicos (la deuda pública de Estados Unidos pasó de 6 a 16 billones de dólares en 10 años), mientras los beneficios derivados de la reconstrucción de Iraq y la explotación del petróleo quedaron en manos privadas".

Las cinco empresas invitadas por el gobierno de EE.UU. para reconstruir un país al que aún no habían destruido, aunque pensaban hacerlo, fuese o no necesario, eran según lista Moreno: Halliburton Company, Bechtel Corp., Parson Engineering, Lewis Berger Group y Fluor Corporation. Todas las corporaciones invitadas estaban ligadas al Partido Republicano (y contribuían para sus campañas electorales) incluso una de ellas, Halliburton, había estado dirigida hasta el año 2000 por Dick Cheney, quien sería el vicepresidente de Bush. Las puertas giratorias seguían bien aceitadas.

El otro gran negocio que pergeñaron las megascorporaciones fue el del petróleo. A través de la Compañía Nacional de Petróleo, el gobierno iraquí supervisaba la extracción y refinamiento del crudo, limitando fuertemente la intervención de las multinacionales petroleras.

Sin embargo, como hasta la fecha de la invasión el 70% de los campos no había sido explotado aún, los invasores modificaron la ley aclarando que el Estado sólo supervisaría los "campos existentes".

Moreno recuerda, además, que el gobierno le había asegurado al Congreso que la guerra sería corta, con pocas bajas, y que los ingresos petroleros que obtendría Iraq serían suficientes para cubrir los gastos de reconstrucción del país. Se hablaba de entre 2 y 3 mil millones de dólares.

"Sin embargo –apunta el autor–, el *Chicago Tribune* (20 de marzo de 2003) señaló que el gobierno estaba mintiendo, y que los republicanos serían la vergüenza por la irresponsabilidad fiscal de disparar la deuda pública. El periódico señalaba que la invasión a Iraq podía superar los 100 mil millones de dólares, una suma mayor al presupuesto anual de Energía, Comercio, Vivienda y Desarrollo Urbano, Interior y Justicia combinados [...]. En el año 2008, cuando se cumplían cinco años del inicio de la invasión a Iraq, Joseph Stiglitz calculó los costos en 3 billones de dólares, cinco veces más que lo estimado por el *Tribune*".

Diez años después de la sanguinaria invasión a Iraq con el único propósito de entregarles un negocio multimillonario a las constructoras y el petróleo a Chevron, Shell, BP y Exxon, se sabe que los costos en vidas humanas fueron: 37.000 militares iraquíes muertos y 4.500 estadounidenses y británicos, además de las 100.000 víctimas civiles iraquíes.

Luego, los enfrentamientos internos, los atentados, la desnutrición y el hambre llevaron los muertos a casi medio millón de personas. Pero regresemos a Moreno:

"El petróleo iraquí, que antes era propiedad estatal, facilitaba el agua y la electricidad a la población. Desde que esa riqueza fue privatizada en unas pocas manos, los iraquíes deben pagar el agua y la electricidad a precios elevados. Además, como las empresas petroleras importan sus trabajadores, el desempleo en Iraq es superior al 50%".

Los socios civiles

Hace muchos años, aun los más fervorosos defensores del libre mercado y de la supremacía más absoluta de lo privado sobre lo público admitían que la seguridad tanto interna o como externa de un país así, como el monopolio del uso de la fuerza, debían quedar exclusivamente en manos del Estado.

Pero los tiempos pasan, las corporaciones se van asumiendo a sí mismas como el poder real en el mundo globalizado, y también aquel concepto que llegaba desde los inicios de los Estados nación fue quedando en desuso. Tanto la seguridad interna de un país (servicio penitenciario, inteligencia, etc.) como la externa (guerra contra un enemigo extranjero) suponen inversiones millonarias que las corporaciones no están dispuestas a dejar escapar.

Ya por los años 70 del siglo XX, surgieron en los Estados Unidos, y en menor medida en Gran Bretaña, las conocidas como Compañías Militares Privadas (CMPs). Estas empresas, fundadas y dirigidas por militares de alto rango pero retirados, asistían a los ejércitos regulares cumpliendo funciones secundarias, como armado de campamentos, labores de reconocimiento, inteligencia o formación militar de los reclutas más jóvenes. Vale decir, no intervenían en tareas de combate, pese a contar con empleados altamente calificados para hacerlo.

Por entonces, la proporción de personal civil privado dentro del ejército regular en combate era de uno sobre cien. El gobierno estadounidense justificaba la presencia de estos mercenarios (en términos castrenses tradicionales) junto a sus tropas como una forma de aliviar a los soldados de tareas que no hacían a la guerra en sí: "tareas de segunda". En cierto modo, los mostraban como una suerte de mucamas que asistían a los combatientes.

Pero durante los años que corrieron desde el fin de la guerra de Vietnam, donde un país luchaba contra otro, hasta la guerra contra Iraq, la modalidad bélica fue cambiando. Las guerras de los Balcanes son un buen ejemplo de ello. Allí fueron los conflictos étnicos los que empujaron los combates que se libraban entre ciudadanos de un mismo país. Afganistán e Iraq, en cambio, se enmarcan dentro de lo que pueden denominarse "guerras de apropiación".

En el año 2003, apareció en Berlín un libro titulado *El negocio de la guerra*. Su autor, Darío Azzellini, junto a otros colaboradores, analiza allí, por primera vez y de manera bastante muy documentada, los negocios que, en efecto, rodean a los conflictos bélicos. Pero además aborda una realidad bastante desconocida en aquellos años para el público en general: las Compañías Militares Privadas. En 2003, precisamente, cuando comenzó la invasión a Iraq, la vieja proporción de un mercenario cada cien soldados regulares había variado mucho: uno cada ocho. Y así explica el autor las razones de esta nueva proporción:

"En el caso de Blackwater [una de las CMPs], los 'empleados' como guerreros privados –personal militar altamente calificado y entrenado–, asumen hasta tareas de más riesgo que el ejército mismo. En Iraq, por ejemplo, estaban encargados de llevar a cabo los combates detrás de la líneas enemigas, es decir, se introducían sin ser observados a la ciudad de Fallujah para llevar a cabo acciones militares, cuando ésta estaba controlada por fuerzas rebeldes iraquíes. Naturalmente este trabajo altamente peligroso fue muy bien pagado (hasta 1.500 dólares al día). Incluso existen varias fotos que muestran a los 'empleados civiles' de Blackwater USA en Iraq con armas de guerra, actuando sin uniforme y disparando desde los tejados junto a soldados estadounidenses".

Los riesgos, claro, se pagan convenientemente. Las cifras oficiales son difíciles de obtener, pero se calcula que estas empresas militares privadas se alzan con entre 200 y 300 mil millones de dólares al año.

Sólo en Afganistán, entre los años 2001 y 2007, operaron alrededor de 100 Compañías Militares Privadas al servicio de los Estados Unidos y Gran Bretaña, y en Iraq, en 2007, 236 empresas con unos 100.000 "empleados civiles" o mercenarios. Además de asumir tareas de combate directo, estos "civiles" asumían trabajos de interrogatorio a los prisioneros, una tarea a la que solían negarse hasta los oficiales de inteligencia norteamericanos.

Alejandro Torres-Rivera, en un trabajo sobre los mercenarios y el negocio de la guerra, apunta:

"Una de las principales empresas estadounidenses dedicadas al negocio privado de la guerra es Blackwater Security Consulting Company, fundada en 1997 por Erik Prince y Al Clark, cuya sede se encuentra en Carolina del Norte. Allí la empresa posee una amplia área de entrenamientos donde anualmente maneja el entrenamiento de unas 40 mil personas, muchas de ellas procedentes de las propias fuerzas armadas de los Estados Unidos y sus agencias de seguridad. Esta empresa genera contratos por decenas de miles de millones de dólares de parte del gobierno estadounidense. Cuenta en sus filas con más de 20 mil efectivos, todos ellos listos para asumir las labores para las cuales se les contrate y pague. Sus recursos incluyen sofisticados armamentos, aviones y diferentes medios para hacer la guerra".

Esta empresa, luego de varios escándalos, cambió su nombre. Ahora se llama Academi.

Ciudadanos del mundo

Las corporaciones de la guerra no sólo no tienen bandera, desconocen a todas. El territorio de estas multinacionales mercenarias es el mundo, y las vidas humanas son sólo los objetos de cambio para contabilizar sus "merecidos" y abultados salarios.

Acaso la más antigua empresa militar privada de los Estados Unidos sea DynCorp, fundada en 1946, con el nombre de Land-Air, precisamente porque disponía de su propia flota aérea de combate.

Niña mimada de las autoridades del Pentágono, DynCorp acompañó al ejército estadounidense en casi todas sus ocupaciones o intervenciones clandestinas. Estuvo en Haití, Bosnia, Afganistan, Iraq y también en Colombia. Tiene ingresos anuales por valor de unos 3.400 millones de dólares, y cuenta, acaso, con el grupo de mercenarios mejor preparados de entre todas las empresas que brindan personal militar privado.

La más joven de las reclutadoras de mercenarios con llegada directa al Departamento de Defensa de los Estados Unidos es Triple Canopy. Fue fundada en 2003, el mismo año en que Washington decidió invadir Iraq, y recibió 1.500 millones de dólares para desplegar a sus "empleados civiles" en la patria de Sadam Hussein, cuando Blackwater llegó a las portadas de los diarios por haber asesinado a 8 civiles iraquíes.

Pero no sólo Estados Unidos cuenta con decenas de Compañías Militares Privadas. Aeges Defenses Services nació en 2002, en Gran Bretaña, ha participado en acciones militares en 40 países diferentes y fue contratada por más de 20 gobiernos; también por Naciones Unidas. El Pentágono, por ejemplo, desembolsó 300 millones de dólares para contar con la presencia de Aeges en Iraq.

Curiosamente, también Perú tiene su empresa de servicios militares. Defion Internacional, que envió a 3.000 de sus mercenarios a Iraq, creció reclutando personal latinoamericano para desempeñarse como guerreros a sueldo.

Unite Resources Group es una Compañía Militar Privada de origen australiano, aunque tiene su sede en Dubai. Fue fundada en el año 2000 y, si bien mantuvo su presencia a lo largo de toda la invasión a Iraq, su protagonismo creció luego de la paulatina retirada de estadounidenses y británicos.

De todo origen, hacia todo destino

Pero las Compañías Militares Privadas no sólo acompañan al ejército de los Estados Unidos en sus distintas intervenciones militares a diferentes países. Con el tiempo, estas agencias privadas de la guerra han ido introduciendo sus servicios en distintos territorios, tanto de América como de África.

En octubre del 2013, la página web del servicio informativo de televisión ruso RT, con la firma de Ricardo Martínez, daba a conocer una denuncia de organismos de derechos humanos de México, Perú y Colombia, según la cual en dichos países operaban estas corporaciones de origen estadounidense, israelíes y británicas, supervisadas por agencias de control de los EE.UU.

Dichas corporaciones, informaban los organismos de derechos humanos, brindan a estos gobiernos de América Latina servicios de entrenamiento militar, inteligencia, formación de combate y venta de armas.

Apunta Martínez:

"Empresas como SY Coleman Corporation, Risk Incorporated, Dyncorp, Xe Services (antes Blackwater), Global CST, entre otras, dominan el rentable mercado bajo la tutela y control de los órganos de seguridad de los Estados Unidos y países aliados en la llamada 'lucha contra el terrorismo' en el marco de la nueva doctrina de seguridad hemisférica".

Más adelante dice el columnista:

"Este tipo de servicios responden al proceso de transformación estatal de algunos países latinoamericanos con mayor alineación a las políticas de libre mercado y desregulación de Ejércitos y Policías, pero bajo un rígido control de los resortes del poder político. Se trata de la penetración privada gradual al uso del monopolio de la fuerza que ejercen los Estados".

En rigor, no es fácil coincidir con Martínez respecto de que estas corporaciones militares operan "bajo un rígido control de los resortes del poder político". Ni siquiera en el propio Estados Unidos el poder político es capaz de ejercer un control efectivo, no ya de empresas militares privadas, sino de agencias estatales como la CIA, por ejemplo. ¿Por qué? Porque las corporaciones (en este caso, las de la guerra) son organizaciones supranacionales, que se manejan a sí mismas y sólo obedecen a las razones del lucro.

En otro de los párrafos del completo informe que publica RT en su portal web, Ricardo Martínez desgrana aun más el organigrama de estas corporaciones armadas:

"En Colombia, los servicios de otras empresas similares se despliegan en rubros como la llamada 'lucha antinarcóticos', lo mismo que a proteger empresas extractivas, sobre todo mineras y petroleras. La estadounidense DynCorp mantiene base operativa en el país andino y recibe orientaciones desde su base central en Florida".

Son organismos transnacionales multinacionales que cuidan los intereses de empresas que accionan también globalmente.

"El control de sitios estratégicos de empresas multinacionales son objetivos de las firmas del ramo 'new security and development'. Se combinan con hostigamientos a opositores sociales como sindicalistas, ambientalistas y campesinos".

Como se ve, la globalización y el nuevo modelo de gobierno supranacional no sólo están terminando con los Estados nación, tal cual se los conocía al menos hasta los años 70, sino que están haciendo regresar al mundo a los tiempos previos a la Paz de Westfalia, firmada en 1648, en donde el uso privado de la fuerza militar era la regla que imperaba entre los países. Entonces, mercenarios, Señores de la Guerra y poderosos ejércitos de los señores feudales dominaban y se apoderaban de territorios según la ley del más fuerte. El siglo XIX fue el de la consolidación definitiva de los grandes Estados nacionales, estructura que sin duda agoniza hoy en pro de organizaciones que no tienen nacionalidad alguna y operan sin restricción territorial.

Con una ayudita de mis amigos

La guerra no es un menester sencillo. No le resulta fácil a ningún presidente del mundo embarcar a su país en un conflicto armando sin contar con un mínimo de aprobación pública. Las sociedades, se sabe, suelen ser reactivas a la violencia armada, y si bien los estadounidenses son más proclives a aceptar la intervención militar de su país en otras regiones del planeta, la historia les ha demostrado que Superman no deja de ser un personaje de ficción. Siempre, después de la euforia bélica y chauvinista, llegan las bolsas negras con los muertos. Quienes deben ocuparse entonces de generar ese imprescindible apoyo de la opinión pública a la guerra son los grandes medios de comunicación masiva. Esa es su tarea en el gobierno de la *corporatocracia*. Por supuesto, no siempre el trabajo sucio deben hacerlo solos; a veces, las circunstancias les dan el pie para potenciar cada pequeña ventaja. ¿Y si esas circunstancias no se dan? Veamos.

En julio de 2008, la *Revista Fusión*, de España, publicó un largo artículo sobre los medios de comunicación y el negocio de guerra. Mariló Hidalgo, la autora de la nota, introduce al lector con un relato sorprendente:

"La noticia saltó a los medios de comunicación de todo el mundo. Cuando Iraq invadió Kuwait en agosto de 1990, unos soldados sacaron 312 bebés de las incubadoras del hospital Al-Addam y los dejaron morir en el suelo. Un grupo de testigos declaró ante el Comité de Derechos Humanos del Congreso de los EE.UU. sobre lo ocurrido [...]. El hecho impactó de tal forma en la opinión pública que influyó de manera determinante en el apoyo de los congresistas a la invasión. Incluso el presidente norteamericano Bush citó esta historia hasta seis veces en uno de sus discursos. Se trató en un foro internacional de la ONU y dos días después esta organización aprobó la intervención militar".

Hasta allí, el golpe de efecto había sido preciso. Los militares iraquíes sanguinarios, dejando morir a 312 bebés en un acto de sadismo innecesario y despreciable, habilitaban la intervención armada de un ejército justiciero y humanitario, para que ahogase en sangre a los asesinos.

Pero sigamos leyendo a la periodista española:

"Cuando los iraquíes abandonan Kuwait, miembros de la Organización Mundial de la Salud llegan a dicho hospital y no observan apenas daños. Las incubadoras están en su sitio.

Preguntan al personal y dicen que ese hecho no ha ocurrido nunca […]. Nada parece encajar. Amnistía Internacional, que había realizado la denuncia, la retira y la niega. Médicos de distintas nacionalidades que estuvieron en Kuwait durante la ocupación también niegan que se hubiese producido un hecho así. Nadie confirma aquello. ¿Qué pasó realmente?".

Algunos años más tarde, informa Mariló Hidalgo, un equipo de investigación de la cadena canadiense CBC realizó el trabajo que ninguno de los grandes medios hizo, y produjo un documental titulado *Vender la guerra*, en el que se desenmascara la maniobra de Washington, esa que, rápidamente y sin chequear los hechos, propalaran los grandes medios de comunicación.

Bajo la fachada de una ONG denominada "Ciudadanos por un Kuwait Libre", el gobierno norteamericano contrató, por 10 millones de dólares, a una empresa de publicidad estadounidense para que se encargara de armar la farsa.

"En el documental –cuenta Hidalgo– aparece el ejecutivo de empresa y dice ante la cámara que como la ciudadanía de EE.UU. no reaccionaba se preguntaron: '¿Qué podemos hacer para convencerles de la necesidad de una intervención?' […] Casi sin inmutarse explica cómo se les ocurrió el montaje de las incubadoras y cómo llevaron como testigo estrella a una adolescente a la que aleccionaron debidamente, y que resultó ser la hija del embajador de Kuwait en EE.UU.".

El hecho, dirá por fin Mariló Hidalgo, fue narrado por el periodista Pascual Serrano en su libro *Medios violentos*.

Desde una mirada ingenua, cualquiera podría preguntarse ¿por qué los grandes medios de comunicación, cuyos periodistas son perfectamente capaces de reconocer la manipulación a la que los someten los gobiernos, no adoptan una mirada crítica y, en cambio, crean escenarios ficticios, justifican y minimizan los "daños colaterales" y le escamotean al lector o al espectador la parte importante de la noticia, indigestándolo con lo anecdótico e irrelevante? Pascual Serrano lo explica:

"Las empresas de comunicación se han convertido en grandes *holdings* empresarios; por tanto, sus intereses no están relacionados con la información sino con el cuidado de sus imagen y la rentabilidad de las empresas que están detrás. Un ejemplo lo tenemos en Francia, donde las fábricas de armamentos están detrás de muchos medios de comunicación. Si a eso le añades el *lobby* norteamericano creado en torno de lo que denominan la reconstrucción –que luego no es tal– de los lugares asolados por la guerra, tenemos otro sector que también se enriquece directamente con los conflictos que genera EE.UU.".

Y agrega Serrano, respecto de los medios en sí mismos:

"Todos quieren presentarse ante la sociedad como defensores de la paz, pero en el fondo han jugado papeles muy importantes en la creación del odio y legitimación de conflictos".

Un mundo de esclavos

Negocios, acciones bélicas que los propicien, operaciones de prensa que den marco a unos y a otros... Las corporaciones se desparraman por el mundo, inventan la realidad, la moldean de acuerdo con sus necesidades, manipulan a los ciudadanos de cualquier Estado, dominan y ganan.

Volvamos a los medios de comunicación (o de difusión, más precisamente). A pesar de los largos debates que ha motivado el rol de esos medios en la sociedad global, es fácil ver la lógica que los guía y los intereses que defienden.

Por empezar, y como ha señalado Pascual Serrano, son grandes *holdings* empresariales que no sólo van detrás del lucro, sino que deben hacer prevalecer los intereses de los dueños del medio, instalando esos intereses como si fueran colectivos, como si coincidieran con los de la sociedad toda

En segundo lugar y por lo que se ha dicho, son esos medios los encargados de dar a conocer, y amplificar si es necesario, las noticias más convenientes para ellos y para crear un supuesto "sentido común", que intentan inocular en tanto se ocupan de ocultar, de invisibilizar la noticias que van a contramano de sus intereses o del sentido que pregonan.

Volvamos también a Napoleón Bonaparte, quien es fama dijo alguna vez: "Más temibles son tres periódicos hostiles que mil bayonetas". Sea o no propiedad del corso, la frase resume con claridad otra de las tareas que la *corporatocracia* les ha asignado a los medios de comunicación dominantes: hostigar, presionar y desestabilizar a los gobiernos que no son funcionales a los intereses de las corporaciones.

En Venezuela los medios dominantes acicatearon y luego condujeron el golpe de Estado contra Hugo Chávez. En Chile, crearon las condiciones para que se instalara la dictadura de Augusto Pinochet. Otro tanto ocurrió en Argentina y Brasil.

Cada golpe de Estado, en cada uno de esos países, produjo miles de muertes, secuestros, exilios, represión y clausura de las libertades individuales y políticas. Esto también fue una guerra que los medios de comunicación dominantes propiciaron y apoyaron. Marshall McLuhan, acaso quien más lúcida y tempranamente comprendió a los medios, escribió una vez:

"Me encuentro en la posición de Louis Pasteur cuando decía a los médicos que su mayor enemigo les era del todo invisible y desconocido. Nuestra respuesta convencional a todos los medios, de que lo que cuenta es cómo se utilizan, es la postura embotada del idiota tecnológico. Porque el 'contenido' de un medio es como el apetitoso trozo de carne que se lleva el ladrón para distraer al perro guardián de la mente".

Acudiendo a un párrafo de C. G. Jung, McLuhan sintetizaba la relación que establece el ser humano de cualquier parte del mundo con los medios de comunicación. En realidad, describía con espíritu pionero la indefensión que la sociedad global padece hoy frente a estos descomunales formadores de ideología y de conciencia.

Decía entonces Jung, citado por McLuhan:

"Los romanos vivían rodeados de esclavos. El esclavo y su psicología reinaban en la Italia antigua, y los romanos se volvían inconsciente y, por supuesto, involuntariamente, esclavos. Al vivir constantemente en un ambiente de esclavos, se contagiaban de su psicología a través del inconsciente. Nadie puede resguardarse de semejante influencia".

No hay indemnes en una sociedad dominada por las corporaciones mediáticas. Pues la mentira repetida acaba configurándose como la irrefutable verdad. Sólo que, sin ánimo de corregir a los anteriormente citados, unos siguen siendo los esclavos sometidos; los otros sólo son esclavos de su misión de esclavizar, que les es muy rentable, por cierto.

Capítulo 5

CAMBIANDO EL PUÑAL
POR EL VENENO

"Populismo sería el sistema donde los pobres tienen algunos derechos y los ricos no detentan la totalidad del poder".
Julio Bárbaro, político y escritor argentino

A mediados del año 2007, cuando el mundo comenzó a conocer a través de WikiLeaks documentos que los gobiernos (en particular el de EE.UU.) se ocupan cuidadosamente de mantener en secreto, se supo de la febril actividad de *lobby* que el servicio diplomático estadounidense realizaba a favor de poderosas corporaciones norteamericanas, como Boeing, Cargill o Monsanto, por ejemplo.

Habrá que admitir que la confirmación de tal actividad por parte de la embajada de los Estados Unidos en diferentes países no fue demasiado sorprendente para los ciudadanos relativamente informados.

Mucho menos conocido, o aceptado, es el protagonismo que han tenido y aún tienen las corporaciones en la preparación y perpetración de los golpes de Estado en los países emergentes. Antes, utilizando como tropa de asalto a las fuerzas armadas; hoy y sobre todo, a los propios políticos del país en cuestión.

Paraguay, las semillas nocivas

Paraguay es un país profundamente inequitativo. El 85% de la tierra está en manos del 2% de su población, que se dedica a la producción extractiva o renta parte de esa tierra a grandes conglomerados agrícolas.

La producción agraria en Paraguay supone un 30% del PIB, aunque el Estado sólo captura en concepto de impuesto inmobiliario un magro 0,04% de la recaudación tributaria.

Frente a semejante concentración, la vida de los campesinos es misérrima y hace muchos años que ellos luchan por obtener parte de esas 30 millones de hectáreas concentradas en tan pocas manos. Por eso, una de las principales promesas de campaña del derrocado presidente Fernando Lugo fue llevar a cabo una reforma agraria, que nunca ocurrió.

Blas Riquelme es uno de los latifundistas paraguayos más poderosos. Dueño de unas 70 mil hectáreas, obtuvo gran parte de ellas durante el gobierno de Alfredo Stroessner, de quien Riquelme era amigo. Ostentaba además el cargo de presidente del Partido Colorado, que sostenía al tirano.

La mayor parte de las propiedades del latifundista se ubican en Curuguaty, a 200 kilómetros de Asunción. Allí Riquelme tiene su estancia Morombí.

En los alrededores de dicha estancia se había congregado un grupo de campesinos, el día 15 de julio de 2012. Entonces comenzó la tragedia que habría de dar justificación al golpe de Estado parlamentario que derrocó al presidente constitucional Fernando Lugo.

Idilio Méndez Grimaldi, de quien proviene gran parte de la información que manejamos en estos párrafos, es el periodista que más y mejor ha investigado la entretela de todo el fraudulento proceso que, con la conducción de la multinacional Monsanto, derrocó a Lugo.

Ese día de julio, cuenta Méndez, el grupo de policías que tenía la misión de desalojar a los campesinos que reclamaban por las 2.000 hectáreas propiedad del Estado paraguayo, que Riquelme se había apropiado ilegalmente, fue emboscado por francotiradores. Mezclados con los campesinos, aquellos dispararon sobre los uniformados y desataron una balacera que se cobró la vida de 6 policías, 11 campesinos y más de 50 heridos graves. Pero la tragedia, claro, tenía sus antecedentes.

Escribe Idilio Méndez:

"El 21 de octubre de 2011, el Ministerio de Agricultura y Ganadería, dirigido por el liberal Héctor Cardozo, liberó ilegalmente la semilla de algodón transgénico Bollgard BT de la compañía norteamericana de biotecnología Monsanto para su siembra comercial en Paraguay. Las protestas campesinas y de organizaciones ambientalistas no se dejaron esperar. El gen de este algodón está mezclado con el gen del *Bacillus thurigensis*, una bacteria tóxica que mata algunas plagas del algodón".

Monsanto, que al terminar 2011 había facturado en Paraguay cerca de 30 millones de dólares libres de impuestos, venía operando desde tiempo atrás con miembros del Partido Colorado, con el entonces vicepresidente Federico Franco (ya en abierta disputa con Lugo, a quien pretendía desalojar de la presidencia) y con el poderoso periódico *ABC Color*, para que se legalizara la venta de sus semillas transgénicas y se acabara con las protestas campesinas. Algo que ese 15 de julio se proponía llevar a cabo el grupo policial (entrenado en Colombia por fuerzas norteamericanas en el marco del Plan Colombia), por orden de un juez y una fiscal que velaban celosamente por los intereses de Riquelme.

Sin embargo, la operación montada por la multinacional no dio los frutos esperados, porque el Servicio Nacional de Calidad y Sanidad Vegetal y de Semillas (SENAVE), dirigido por Miguel Lovera, no autorizó el uso de las semillas modificadas genéticamente, debido a que, tal cual exige la ley, no habían sido aprobadas por el Ministerio de Salud y la Secretaría del Ambiente.

Volvamos a Idilio Méndez:

"Durante los meses posteriores, Monsanto, a través de la Unión de Gremios de Producción, UGP, estrechamente ligada al Grupo Zuccolillo, que publica el diario *ABC Color*, arremetió contra SENAVE y su presidente por no inscribir la semilla transgénica de Monsanto para su uso comercial en todo el país. La cuenta regresiva decisiva pareció haberse dado con una nueva denuncia por parte de una seudosindicalista del SENAVE, de nombre Silvia Martínez, quien acusó el 7 de junio pasado [2012] a Lovera de corrupción y nepotismo en la institución que dirige, a través del *ABC Color*".

Lo significativo, apunta Méndez, es que Silvia Martínez es la esposa de Roberto Cáceres, quien oficia de representante técnico de empresas agrícolas como Agrosán, todas miembros de la UGP.

Mientras tanto, la artillería mediática, con *ABC Color* a la cabeza, disparaba munición gruesa contra los dos funcionarios que no dieron vía libre a las pretensiones de Monsanto: la ministra de Salud, Esperanza Martínez, y el ministro de Ambiente, Oscar Rivas. Como es de rigor en este tipo de operaciones que llevan a cabo los medios, se acusaba a los funcionarios de corrupción. Una técnica repetida pero, a la luz de los hechos, una vez más bastante efectiva.

El resto del "plan destituyente" tampoco fue novedoso. La Cámara de Diputados estaba lista para aprobar una ley que le otorgase al Ministerio de Agricultura todas las facilidades para aprobar lo que pidiera Monsanto, y la UGP anunciaba un "tractorazo" en reclamo de que se expulsase del gobierno a los funcionarios "desobedientes".

Veamos ahora la cara oculta de la trama, según Méndez:

"La UGP está dirigida por Héctor Cristaldo, apoyado por otros apóstoles como Ramón Sánchez –quien tiene negocios con el sector de los agroquímicos– entre otros agentes de las transnacionales del agronegocio. Cristaldo integra el *staff* de varias empresas del Grupo Zuccolillo, cuyo principal accionista es Aldo Zuccolillo, director propietario del diario *ABC Color* desde su fundación bajo el régimen de Stroessner, en 1967. Zuccolillo es dirigente de la Sociedad Interamericana de Prensa, SIP. Y el Grupo Zuccolillo es socio principal en Paraguay de Cargill, una de las transnacionales más grandes del agronegocio en el mundo".

Con semejante marco corporativo en contra, la destitución del presidente Lugo estaba ya asegurada. Un golpe de Estado legislativo había sido la herramienta elegida, en virtud de que la coalición de partidos que había llevado al ex obispo a la presidencia no sólo no tenía mayoría parlamentaria, sino que los partidos liberales que integraban esa coalición, como el de Federico Franco, ya se había alineado con la derecha golpista.

En un trámite *express*, resuelto entre el 21 y el 22 de junio de 2012, los legisladores de ambas cámaras asaltaron el poder que la ciudadanía le había conferido a Fernando Lugo. Dice Lezcano Claude, respecto de la parodia legislativa:

"La superficialidad y extraordinaria brevedad de esta presentación [la de los cargos contra el presidente], así como la inconsistencia de las causales alegadas, ponían de manifiesto que se trataba del mero cumplimiento de un trámite cuyo final estaba asegurado".

A Fernando Lugo se lo acusó y sentenció en menos de 32 horas, algo así como un juicio militar sumarísimo. Se le negó, además, en los hechos, la posibilidad de defensa. Apunta Lezcano Claude:

"El viernes 22 de junio se llevó a cabo el 'juicio' propiamente dicho, ante la Cámara de Senadores. Según el reglamento aprobado por la misma, la defensa –notificada de la acusación en la tarde-noche del día anterior– debía hacer su presentación oral a partir del mediodía (12.00 hs.), y por un tiempo que no excediera las dos horas".

Al día siguiente de que los legisladores paraguayos consumaran el golpe organizado por Monsanto y sus aliados locales, los países del Mercosur, que debían llevar a cabo una cumbre en la semana siguiente, en la que se le trasladaría la presidencia *pro tempore* al Paraguay, decidieron no invitar al país por considerar que su gobierno ya no era legítimo.

Algunos días después, Paraguay fue expulsado tanto del Mercosur como de la UNASUR porque, como aclaró la presidente de Brasil, Dilma Rousseff, "para un país que viola la cláusula de la democracia, la sanción es la no participación de los organismos multilaterales".

El mismo día en que los personeros de Monsanto en el Parlamento destituían a Lugo, el secretario general de la UNASUR, Alí Rodríguez Araque, le respondía al enviado especial de *BBC Mundo* a Paraguay:

"Se ha dado un golpe de Estado parlamentario. Se violentó uno de los principios más elementales de los juicios, que es el legítimo derecho de defensa. Hoy prácticamente se presentó la acusación y apenas les dieron unas horas a los defensores del presidente para que conocieran las pruebas y pudieran elaborar argumentos, con lo cual refutar esas pruebas. Eso es físicamente imposible".

Honduras, nada de mejorar salarios

El camino que recorrieron las corporaciones para derrocar al presidente de Honduras, Manuel Zelaya, fue apenas diferente al de la operación perpetrada en Paraguay. En este caso, como en el país sudamericano, el Parlamento y la Corte Suprema de Justicia iban a oficiar de legitimadores de la ruptura institucional. Pero, a diferencia de Paraguay, en Honduras, se acudió al viejo expediente de las Fuerzas Armadas para arrancar al presidente de su cargo.

En la madrugada del 28 de junio de 2009, un batallón del ejército hondureño, al mando del coronel René Antonio Herpburn Bueso, penetró a punta de pistola en la residencia presidencial y detuvo a Zelaya. Tras enviarlo a la basa de la Fuerza Aérea al sur de Tegucigalpa, se lo deportó a Costa Rica.

La maniobra había sido grosera y, más allá de la opinión de los propios hondureños, a los golpistas les preocupaba la dura reacción internacional, que ni Estados Unidos iba a poder evitar. Era imprescindible enmascarar el golpe con alguna fachada institucional.

Al día siguiente se reunió el Congreso Nacional y, ante la perplejidad de los hondureños y los líderes de los países de la región, "aceptaron la renuncia" del presidente Zelaya comunicada, según dijeron los congresistas, a través de una carta que el mandatario había escrito el 25 de ese mes, o sea tres días antes de que los militares lo arrancaran de la cama en pijama, a punta de pistola.

Ni siquiera hizo falta la enérgica desmentida de Zelaya, que llegó desde Costa Rica inmediatamente, para que buena parte del pueblo hondureño saliera a la calle a reclamar la reposición del presidente en su cargo. Desde luego, ese pueblo fue salvajemente reprimido por "las fuerzas del orden".

Descubierta ya la burda intentona, los congresistas optaron por destituir al presidente, argumentando que había violado la Constitución y el ordenamiento jurídico del país. Desde luego, sin juicio alguno.

Manuel Zelaya, que no es un izquierdista y ni siquiera podría ser rotulado como "populista" (término al que acuden los neoliberales para definir a los gobiernos insumisos a los dictados de las corporaciones), había cometido un pecado político imperdonable para los dueños del dinero.

El presidente había propuesto llevar a cabo una consulta popular para que la sociedad se expresara respecto de conformar una Asamblea Constituyente que reformara la Constitución, agregando en ella algunos derechos sociales. La Corte Suprema la declaró ilegal, pero Zelaya se propuso realizarla de todos modos.

Allí estuvo el argumento de los golpistas parlamentarios para destituirlo.

Por esos días, transitaba las calles de Tegucigalpa el escritor estadounidense John Perkins. Global Research le pidió que escribiera un artículo que contara lo que allí sucedía, y Perkins no pecó de diplomático:

"Todo el mundo con el que hablaba estaba convencido de que el golpe militar que había derrocado al presidente democráticamente electo de Honduras, Manuel Zelaya, había sido planificado por dos empresas de EE.UU. con el apoyo de la CIA. Y que EE.UU. y su nuevo presidente no apoyaban la democracia".

Sin anestesia, Perkins arrancaba su artículo señalando a los organizadores del golpe de Estado. Y después seguía siendo explícito:

"A principios de año, Chiquita Brands International Inc. (antes United Fruit) y Doole Food Co. habían criticado duramente a Zelaya por defender un aumento del 60% en el salario mínimo en Honduras, alegando que la medida podía reducir las ganancias corporativas. A ellos se unieron una coalición de fabricantes y exportadores de textiles, empresas que dependen de la mano de obra barata para trabajar en sus fábricas de explotación".

Con sutileza, para despertar a cualquier lector desprevenido, Perkins recordó que, en 1954, la United Fruit (ahora Chiquita), en colaboración con la CIA, había derrocado al presidente guatemalteco Jacobo Arbenz, y que la International Telephone & Telegraph (ITT), también en colaboración con la Central de Inteligencia estadounidense, había hecho lo propio con Salvador Allende en Chile, en 1973.

Después, explicaba las razones por las cuales "se debía" expulsar a Zelaya del sillón presidencial:

"Cada multinacional sabe que, si Honduras aumenta su tarifa por hora, el resto de América Latina y el Caribe la tendrán que seguir. Haití y Honduras han marcado siempre la referencia más baja de los salarios mínimos. Las grandes empresas están decididas a evitar lo que llaman una 'revuelta de izquierdas' en este hemisferio. Al derrocar a Zelaya, están enviando mensajes amedrentadores a todos los otros presidentes que están tratando de mejorar el nivel de vida de sus pueblos".

Por fin, John Perkins pegaba el mazazo final:

"La íntima relación entre los líderes del golpe militar de Honduras y la corporatocracia se confirmaron un par de días después de mi llegada a Panamá. El diario *The Guardian*, inglés, publicó un artículo comentando que 'dos de los principales asesores del gobierno de facto de Honduras tienen estrechos vínculos con el secretario de Estado de los EE.UU. Uno de ellos es Lanny Davis, un influyente miembro de un grupo de presión que fue abogado personal del presidente Bill Clinton y que también hizo campaña a favor de Hillary. El otro sicario del gobierno del golpe de Estado que tiene profundos lazos con Clinton (como miembro de un grupo de presión) es Bennett Ratcliff".

Como en Paraguay y como en la misma Venezuela en el 2002, las grandes transnacionales y las embajadas norteamericanas condujeron el proceso desestabilizador que desembocaría en el golpe, pero en ningún caso (tampoco en Honduras) podían prescindir de los socios locales: grandes empresarios, medios de comunicación, políticos y jueces.

Los amigos internos

Pocos días después del golpe, la socióloga y economista Leticia Salomón, una de las intelectuales más prestigiosas de Honduras, develó quiénes fueron algunos de los socios locales que prepararon el golpe de Estado.

Y mencionó a Carlos Roberto Facussé, ex presidente de Honduras y dueño del periódico *La Tribuna* y de la imprenta Lithopress Industrial. El grupo Facussé también es propietario de las alimenticias Yummies, Cappy, Ziba's, Mazola,

Íssima y Áltima. Controla además el Grupo Dinant, Químicas Magna, Químicas Lasser y Cressida Industrial, entre otras.

Otros de los señalados fueron Gilberto Goldstein y Jaime Rosenthal, principales accionista del Grupo Continental, que controla el periódico *El Tiempo* y Canal 11.

Desde luego, también el Grupo Zuccolillo y Rafael Ferrari, megaempresario de medios, dueño del Grupo Televicentro, Canal 5, Telecadena 7 y 4, Telesistema 3y 7, Mega TV, Multivisión, Multidata y Multifon, y de Televicentro Online. El grupo Ferrari es propietario, además, de once radios en Honduras y de una empresa de alimentos.

Entre los que colaboraron con las dos transnacionales en preparar y financiar el golpe, se contaron el financista Camilo Atala, con 7 financieras y compañías de seguros, y Juan Canahuati, dueño de tres periódicos (*La Prensa*, *El Heraldo* y *Diez*) y de 16 empresas de productos alimenticios y embotelladoras.

La lista sigue, hasta completar a las diez familias más poderosas de Honduras, las que, entre todas, concentran la mayor parte de las riquezas que produce el país.

Si algo ha demostrado palmariamente el golpe de Estado en Honduras, además de la extrema fragilidad (para decir lo menos) de las democracias en Centroamérica, es el rol determinante que cumplen los medios de comunicación (concentrados en casi todos los países del mundo) en la desestabilización de gobiernos legítimos y en la defensa de los intereses económicos de transnacionales y de poderosos empresarios locales.

Honduras, claro, no es un caso aislado. No es el único en el que la población de un país sufre el golpeteo de los medios en contra de gobiernos que pretenden ampliar derechos y mejorar la vida de la ciudadanía. Ni siquiera los grandes jugadores de América Latina, como Brasil, Venezuela o Argentina, se han librado del criminal acoso mediático cuando partidos populares accedieron al gobierno.

Gatopardismo golpista

Desde la caída de la Unión Soviética, ha caído en desuso la retórica en torno de la Guerra Fría y el combate al comunismo, que se enarbolaba desde los Estados Unidos y los países emergentes con el fin de justificar los golpes de Estado encabezados por los militares para satisfacer los intereses de las corporaciones. Ese medio se ha vuelto "políticamente incorrecto".

Sin embargo, la voracidad rentística de *corporatocracia* no sólo sigue presente sino que ha aumentado. Pero en el mundo, especialmente en América Latina, han surgido gobiernos que, en el marco del más estricto capitalismo, optaron por poner límites a la desaforada captación de renta de las corporaciones, y han puesto en marcha procesos redistributivos de la riqueza, tal cual hacía Europa en tiempos del Estado de Bienestar. Sólo en Brasil, por ejemplo, el gobierno de Lula da Silva, en sus dos mandatos, sacó a 30 millones de brasileños de la pobreza.

La primera reacción corporativa que encolumnó a los medios de los países desarrollados (aun aquellos que se reivindicaban como progresistas) fue la de etiquetar con el despectivo mote de "populistas" a los gobiernos que impulsaran esas políticas sociales. Pero, al llamarlos así, esa misma reacción dejó a las corporaciones en una situación difícil, impedidas ahora del viejo recurso de los tanques en la calle ante gobiernos "impopulares".

Eso ocurrió en Honduras, donde rápidamente se buscó disfrazar el golpe de maniobra constitucional, y donde el gobierno *de facto* ya no pudo eternizarse en el poder como hacían los viejos tiranos de América Latina o África.

Nació entonces lo que los propios miembros del establishment económico denominaron "golpe de Estado suave". O sea, se derrocaba a un gobierno legítimo como antaño, pero sin militares en la calle.

Paraguay fue un buen ejemplo, y pudo haberlo sido la Bolivia de Evo Morales.

Titiriteros a escena

La nueva táctica destituyente debía entonces poner a jugar, casi a la luz del día, a protagonistas que en tiempos de las asonadas militares movían los hilos entre bambalinas.

Los medios debieron asumir un rol mucho más visible, atacando con ferocidad al gobierno a derrocar, y abandonando esa supuesta "independencia" que jamás existió. Los políticos vernáculos, personeros de los intereses corporativos, también tuvieron que alzar la voz, declamando con frecuencia sus objetivos antinacionales. El sector financiero debió mostrarse abiertamente atacando la estabilidad de la moneda, o fugando divisas sin la discreción de otros tiempos. Y por fin, los empresarios quedaron expuestos ante los ojos de la sociedad produciendo desabastecimiento y siderales alzas de precios.

Todos ellos conforman hoy el "combo" que debe cumplir con la tarea golpista que les era antes encargada a los militares.

Como siempre ocurre, el manual de procedimientos que la *corporatocracia* reparte entre sus acólitos es simple y tiene objetivos claros:

+ El *aumento de los precios*, en especial el de los productos de primera necesidad, golpea fuerte sobre los bolsillos de los sectores sociales bajos; esos que suelen ser el apoyo político-electoral de los gobiernos populares.
+ El *ataque especulativo sobre la moneda*. Se fuerza una devaluación que no sólo aumenta la ganancia de las grandes empresas, sino que (y es lo buscado) licúa el poder adquisitivo de los salarios, reduciendo la capacidad de consumo de la población en general, pero, en particular, de los sectores de menos recursos.
+ La *fuga de divisas* por parte del sector financiero y las grandes corporaciones. Ella disminuye la reservas con las que cuenta el país y, si éstas no son lo suficientemente importantes como para hacerle frente a ese drenaje, obliga a que el país deba salir al mercado

financiero internacional a solicitar préstamos que, siempre, tendrán como precondición el redireccionamiento de las políticas inclusivas y redistributivas.

+ Las permanentes *acusaciones de corrupción* (gran caballito de batalla de los medios), de abuso de poder, y "desprecio por las instituciones", entre otros dardos cotidianos lanzados por los medios de comunicación. Esas acusaciones colonizan la conciencia de las clases medias urbanas, proclives a identificarse con las elites acaudaladas del país, y generan en ellas un odio irracional contra el gobierno.

+ Desde los medios de comunicación, los políticos opositores, reclutados por las corporaciones, reproducen las denuncias de los medios, reforzando las afirmaciones mediáticas entre sus votantes. Desde el Parlamento, entretanto, bloquean cualquier iniciativa del oficialismo, haciendo que cada sesión se transforme en un campo de batalla que luego los medios reflejan, responsabilizando al gobierno por su "intolerancia.

+ El *asedio judicial*. Los jueces amigos fallan inexorablemente a favor de las grandes empresas. En Argentina, por ejemplo, la Ley de Servicios Audiovisuales, que tiene como propósito la desconcentración mediática, estuvo cuatro años sin poder aplicarse. Y ello por medidas cautelares que impusieron un juez y una cámara de apelaciones. Nadie ignora que las medidas cautelares tienen como objetivo detener un posible daño irreparable (no era este el caso), y que su duración no debería superar el plazo de unos pocos días.

+ El *desabastecimiento*. Es la tarea de empresarios poderosos y funciona como un fósforo sobre la nafta, generando un masivo descontento social, con manifestaciones violentas incluidas, y la sensación de un descontrol general en el país, desborde que reclama un límite.

El "limite", como ya lo demostró luminosamente Naomi Klein en su libro *La doctrina del shock*, siempre llega de la mano de:

+ Políticas fuertemente contractivas del gasto social.
+ Sangrientas reducciones salariales.
+ Notables aumentos en la desocupación.
+ Una fenomenal transferencia de riqueza desde la sociedad toda hacia la grandes corporaciones.

Acaso, el primer párrafo con el que Klein abre su obra fundamental resuma el mundo que procura crear (y en muchos sentidos ya ha creado) la *corporatocracia*:

"Este libro es un desafío a la afirmación central y más valorada en la historia oficial: que el triunfo del capitalismo desregulado nació de la libertad, y que los mercados libres irrestrictos van de la mano con la democracia. En su lugar, mostraré que esta forma fundamentalista de capitalismo ha sido consistentemente traída a la vida por las formas más brutales de coerción, infligidas al cuerpo político colectivo así como a innumerables cuerpos individuales".

En resumen, los golpes de Estado y las afrentas de las corporaciones a todo verdadero ejercicio democrático no sólo no han desaparecido. Sólo se ha cambiado el puñal por el veneno. Y los que hacen gotear la poción en la bebida de los pueblos y de los gobiernos legítimos hoy ya no se esconden (o no siempre) tras los sicarios de turno.

Capítulo 6
Ni muertos ni sanos, padecientes

"Queremos tomar la menor cantidad de fármacos durante el menor tiempo posible, a la menor dosis deseable y al menor precio. A la industria, le interesa vender los medicamentos más caros, para enfermos crónicos o para personas que no están enfermas incluso, que se nos recete la mayor cantidad posible y durante el mayor tiempo posible".

Miguel Jara, ensayista español

Posiblemente, uno de los rostros más siniestros que exhibe el gobierno de las corporaciones en la gran aldea global sea el del multimillonario negocio de los medicamentos; es que es como decir el negocio montado sobre la vida de los seres humanos o, menos dramáticamente, sobre la calidad de vida de millones de ellos.

La Organización Mundial de la Salud, en su informe del año 2010, ha dicho que vivimos en un planeta en el cual, cada cinco segundos, muere de hambre un niño menor de 10 años; y cada año mueren 10 millones de niños como producto de enfermedades que pueden ser curadas.

¿Pacientes o clientes?

Los datos siguen y son escalofriantes, pero hay uno que explica claramente a todos los demás: la producción de medicamentos está concentrada en unas pocas empresas que facturan el 85% de los fármacos que se venden en el mundo.

En un trabajo para la agencia de noticias Argenpress, Pedro Rivera Ramos afirma que las gigantescas transnacionales de la industria farmacéutica, asentadas en los países más altamente desarrollados, se ocupan ya no de curar y salvar vidas humanas, sino de multiplicar todo lo que sea posible su rentabilidad económica. Y agrega:

"Su poder [el de las empresas] es de tal magnitud que imponen sus precios, discriminan en sus ventas, aplastan las producciones locales, sobornan políticos, médicos y autoridades de salud pública, en un negocio donde prevalecen cada vez menos la ética y la salud y sí la codicia y el mercantilismo más rampante. De ese modo, lo que realmente le interesa a la gran industria farmacéutica no es la producción de medicamentos para curar, sino que, como bien afirmara el premio Nobel de Medicina de 1993, Richard J. Roberts, en una entrevista de mayo de 2008 de la revista *Autogestión*, el verdadero interés de estas empresas por los fármacos es 'sólo para cronificar dolencias, con medicamentos cronificadores mucho más rentables que los que curan del todo y una vez para siempre'. Más concretamente: clientes, pacientes y usuarios; pero nunca ni lo suficientemente muertos ni lo suficientemente sanos".

Provistas de una batería publicitaria que, según consignan ellas mismas, insume aproximadamente el 30% del valor total de sus ventas, las gigantes transnacionales farmacéuticas no sólo promocionan sus productos cronificadores, sino que vuelven "amables" a quienes habrán de recetarlos, con viajes, conferencias y encuentros internacionales en los mejores y más caros hoteles del mundo, entre otros "obsequios" a médicos y funcionarios públicos del área de la salud. Dice nuestro columnista:

"Esta pronunciada y cínica orientación del negocio farmacéutico transnacional se descubre en toda su amplitud cuando advertimos que la venta de drogas para el mejoramiento estético, reducir peso corporal, dominar el *stress* o superar la impotencia, es decir, para gente esencialmente sana, representa una de sus principales preocupaciones investigativas, y es la que les genera sus mayores ingresos".

Efectivamente, como bien señala Rivera Ramos, las transnacionales de los medicamentos trabajan, investigan y producen para un público de alto nivel adquisitivo, localizado en los

LA ERA DE LAS CORPORACIONES

países de más altos ingresos y desarrollo. Algo así como el 10% de la población mundial. Sin embargo, esta facilidad con la que cuentan las industrias farmacéuticas para utilizar los medicamentos como una mercancía de la que se espera la más alta rentabilidad y que va dirigida a consumidores con el suficiente poder adquisitivo como para comprarlas, cuenta con la vergonzosa "legislación" internacional que imponen la Organización Mundial de Comercio y los tratados de libre comercio.

"Allí se discuten —dice Rivera Ramos— e imponen normativas sobre propiedad intelectual y acceso a los medicamentos, que tienen un efecto dramático y devastador sobre la salud de millones de personas en el mundo y, principalmente, sobre pacientes de países pobres con SIDA, Alzheimer, afecciones cardíacas, hipertensión y otras".

Hasta la depresión es negocio

Martha Rosemberg, una periodista especializada en temas de salud, un año después que Rivera Ramos, le dio una vuelta de tuerca más al negocio farmacéutico. La periodista se ocupó de la descomunal y lucrativa oferta de antidepresivos:

"El descubrimiento de que muchas personas con problemas en la vida, u ocasionales estados de irritación o mal humor, pueden ser tratados con antidepresivos ya lo extendió la Industria Farmacéutica en la década del 2000. Una buena parte de los 4.500 millones de dólares destinados al año en publicidad se han dedicado a convencer a la gente de que sus problemas no se deben a la falta de trabajo o a los percances económicos, sino que sufren una depresión. Sobre todo porque una depresión no se puede detectar con un análisis de sangre".

Empero, señala Rosemberg, cuando se supo que los antidepresivos tenían relación directa con una extrema violencia impredecible que se daba, en especial entre los jóvenes, el discurso publicitario dio un giro. Escribe la columnista:

"Fue entonces cuando la Industria Farmacéutica se sacó de la manga el concepto de '*depresión resistente al tratamiento*'. No es que los medicamentos no funcionasen, sino que '*la depresión se resistía a ser tratada*'. El primer medicamento era caro y peligroso, pero también eran necesarios otros medicamentos caros y peligrosos, porque la monoterapia, la utilización de un solo fármaco, no era suficiente para completar el truco".

Y completa más adelante Rosemberg:

"Ahora la Industria Farmacéutica presenta una nueva campaña para mantener el barco a flote de los antidepresivos: *la depresión es progresiva*.
Érase una vez, cuando la depresión no era ni de temporada, ni bipolar atípica, o resistente al tratamiento, que se consideraba que era una enfermedad autolimitada. De hecho, es casi la única cosa buena que se puede decir acerca de la depresión: que no dura para siempre".

Mucho para pocos

La industria farmacéutica es uno de los sectores con más alta facturación en el mundo. También, uno de los sectores más concentrados. De las 500 empresas que se dedican a esta actividad en todo el globo, hay diez que, en conjunto, facturan apenas algo menos que las otras 490 sumadas.

Se calcula, al menos hasta el año 2010, que la industria de los fármacos movió una cifra equivalente a los 700.000 millones de dólares en todo el planeta, lo que la ubica entre los sectores más lucrativos, como el mercado de las armas y el de las drogas ilegales.

En el año 2012, el Top 50 de *PharmExec*, una prestigiosa publicación que mide el comportamiento económico de las 50 principales empresas dedicadas a la industria biofarmacéutica, proveía dos datos importantes.

El primero consignaba cuáles eran las diez corporaciones más importantes del planeta. El segundo develaba el nivel de facturación que había tenido cada una de ellas en ese año.

La lista es la siguiente:

+ La estadounidense Pfizer facturó 47.400 millones de dólares.
+ La suiza Novartis, 45.400 millones.
+ La norteamericana Merc, 41.400 millones de dólares.
+ La francesa Sanofi Aventis, 38.300 millones.
+ La suiza Roche, 37.500 millones.
+ La británica Glaxo Smith Kline, 33.100 millones.
+ La inglesa Astra Zeneca, 27.000 millones de dólares.
+ La estadounidense Johnson & Johnson, 23.500 millones.
+ La norteamericana Abbott Labs, 23.100 millones.
+ Y la también estadounidense Ell Lilly, 18.000 millones.

O sea que, en 2012, las diez corporaciones biofarmacéuticas más grandes del mundo facturaron entre todas 335.000 millones de dólares, lo que significa que, en un mercado general de 700.000 millones, sólo diez corporaciones venden casi la mitad del volumen general de fármacos, mientras que la otra mitad se reparte entre 490 empresas.

Otro dato que aportan las cifras dadas a conocer por la publicación es que, en ocho años, las diez transnacionales aumentaron su facturación en cuantiosos millones de dólares.

Un negocio que reparte

Pfizer es, sin dudas, desde hace muchos años, la biofarmacéutica más poderosa del globo, y no solamente por sus hallazgos en el terreno de la investigación médica, que los tuvo y muchos, sino por ejercer con entusiasmo una práctica que comparte con otras transnacionales.

En agosto de 2012, reproduciendo un cable de la agencia EFE, *Cinco Días*, el periódico económico del grupo Prisa, decía:

"El Departamento de Justicia [de Estados Unidos] ha anunciado que Pfizer ha acordado poner fin a las medidas dispuestas sobre sus prácticas ilegales con el pago de una multa de 15 millones de dólares, así como el reembolso de 26,3 millones de dólares en beneficios al regulador del mercado de valores, SEC. Otra filial, adquirida por la farmacéutica estadounidense en 2009, Wyeth, pagará 18,8 millones en reembolso de beneficios y gastos del proceso legal para resolver el contencioso con las autoridades estadounidenses. Los sobornos se produjeron en Rusia, Bulgaria, Croacia, Kajakistán, Serbia, República Checa, China e Italia".

La megacorporación había sido acusada, con pruebas irrebatibles, de que había sobornado a médicos y funcionarios públicos de esos ocho países, para introducir sus productos en desmedro de los de otras farmacéuticas. Pero no era la única, pues sigue diciendo el periódico español:

"Johnson & Johnson acordó el pasado año pagar 70 millones de dólares por sobornos en países como Grecia, Polonia o Iraq".

Compañías criminales

En el año 2006, apareció un libro con un título realmente impactante: *Los crímenes de las grandes compañías farmacéuticas*. Curiosamente, su autora, Teresa Forcades i Vila, es una monja benedictina, doctorada en medicina, que llevó a cabo una investigación minuciosa durante años, y el trabajo arranca con un dato más que sugerente:

LA ERA DE LAS CORPORACIONES

"En el breve período que va de 2000 a 2003, casi la totalidad de las grandes compañías farmacéuticas pasaron por los tribunales de EE.UU., acusadas de prácticas fraudulentas. Ocho de dichas empresas han sido condenadas a pagar más de 2,2 billones de dólares de multa. En cuatro de estos casos, las compañías farmacéuticas implicadas –TAP Pharmaceuyical, Abbot, AstraZeneca y Bayer– han reconocido su responsabilidad por actuaciones criminales que han puesto en peligro la salud y la vida de miles de personas".

Uno de los atentados más dramáticos contra la salud y la vida de las personas (perpetrados por las megacorporaciones farmacéuticas en connivencia con una de las instituciones insignias de la *corporatocracia*, la Organización Mundial de Comercio) se concretó el 25 de marzo de 2005, cuando el Parlamento de la India debió aprobar una nueva ley de patentes medicinales, según la cual sólo podían comercializarse fármacos de los propietarios de dichas patentes, y no los genéricos que hasta entonces estaban en condiciones de producir los laboratorios locales.

Hasta ese día, los antirretrovirales para combatir al SIDA en el África subsahariana llegaban desde los laboratorios de la India, porque su precio era diez veces menor que los que producían las transnacionales (en una relación de 1.500 dólares a 150 dólares). Dice Forcades i Vila:

"Además, dado que no tenían que respetarse las patentes que obligan a producir cada medicamento por separado, los laboratorios indios podían combinar los tratamientos múltiples en una sola pastilla".

La reducción de costos y la simplificación del tratamiento fueron durante años los responsables de tratamientos exitosos en un área del mundo en la que el VIH es un flagelo brutal. Allí, según los informes de Naciones Unidas, más de 30 millones de personas están infectadas de SIDA. Sin medicación, el VIH se cobra 3 millones de vida cada año. Desde el año 2001, en que se produjo la Declaración de Doha de la Organización Mundial de Comercio, que habilitaba a los gobiernos a tomar las medidas que fuesen necesarias para proteger la salud pública (entre ellas, la producción de genéricos), un grupo de transnacionales farmacéuticas, lideradas por Pfizer, presiona a los gobiernos y a la propia OMC, para que se establezcan convenios bilaterales que neutralicen aquella Declaración.

En setiembre de 2005, seis meses después de que el Parlamento indio aprobara la nueva ley de patentes, Médicos sin Fronteras le enviaba una carta dramática al director general de la OMC. Hablaban allí de las muertes que se producirían con motivo de impedir la producción de genéricos, los millones de tratamientos que quedarían a mitad de camino por imposibilidades económicas, y agregaban otra cuestión para nada menor. Para conocerla, regresemos a Forcades i Vila:

"Menos de tres meses después de haber expuesto la urgencia de esta situación ante la OMC, Médicos sin Fronteras emitía un comunicado de prensa en el que denunciaba que, además de prohibir la producción de genéricos en los países pobres, las compañías farmacéuticas se negaban a comercializar en dichos países los medicamentos que no les aportaban los suficientes beneficios".

Uno de los casos que mencionaban los Médicos sin Fronteras era el de *Kaletra*, un antirretroviral producido por Abbott que no necesita refrigeración y que sería crucial en el África, pero que la corporación decidió no comercializar allí.

Lo que no cura, mata

Si se hiciese un mapa de rendimiento económico de las distintas actividades comerciales por rubro, se llegaría sin dificultad a otorgarles el premio mayor a las empresas farmacológicas, con:

+ Una tasa de ganancia récord, que en el año 2004 fue del 22%.
+ Una contribución tributaria bastante por debajo de la media (16,2% contra 27,3%).
+ Un aumento de los precios de sus productos por año de alrededor del 20%.

Casi todo ello, logrado gracias a su infinito poder de *lobby* sobre parlamentarios de toda extracción política y sobre funcionarios públicos. "Casi todo", se ha dicho, porque el gran motor del poderío económico de las farmacológicas pasa, fundamentalmente, por lo que expresó el Parlamento británico en un informe del año 2005 sobre la industria farmacéutica, y que reproduce nuestra autora:

"El objetivo de los nuevos medicamentos debería ser conseguir que los pacientes obtengan un beneficio terapéutico real".

O sea, y según se pregunta Teresa Forcades i Vila, ¿por qué las corporaciones no se dedican a generar productos realmente útiles?

Parte de la respuesta la dio la agencia reguladora de los medicamentos que se producen en los EE.UU., cuando informó que, entre 1998 y 2002, se habían producido 8 suicidios entre pacientes epilépticos que ingerían gabapentina (*Neurotil*, comercialmente), elaborada por Pfizer. Para el 2003, el número de suicidios había llegado a 17, y en agosto del 2004 se conocían ya 2.700 intentos, de los cuales 200 terminaron con la muerte. Pfizer jamás advirtió que el medicamento aumentaba el riesgo de suicidio.

Otro tanto ocurrió con otro medicamente de Pfizer, el antidepresivo *Zoloft*, por su nombre comercial, que aumentaba la agresividad del paciente, hasta que se conoció el caso de un niño de 12 años, tratado con dicho fármaco, que asesinó a sus abuelos e incendió la casa en la que vivía. ¿Medicamentos inútiles o decididamente letales?

"Un ejemplo de estos medicamentos –dice la autora– sería la cerivastatina de la casa Bayer (sus nombres comerciales son *Baycol, Lipobay, Cholstat* y *Staltor*), un medicamento anticolesterol que en el año 2001 tuvo que ser retirado del mercado cuando se comprobó que había sido el causante de 1.100 casos de rabdomiolisis severa (destrucción muscular que puede ser irreversible) y de un centenar de muertes".

Especular con los más débiles

Otro de los casos dramáticos lo protagonizó Merck, con su antiinflamatorio *Vioxx*. El fármaco debió ser retirado del mercado en 2004, cuando la agencia reguladora de medicamentos de los EE.UU. comprobó que ese producto podría haber sido el responsable de 27.785 muertes por ataque al corazón entre 1999 y 2003.

Pero las transnacionales farmacológicas, además de su denodada lucha para imponer en el mundo leyes de patentes que supriman la venta de genéricos y dejen a la población en calidad de rehenes de sus propios productos, han encontrado una forma imaginativa para no perder la propiedad de las patentes que vencen. Así lo explica nuestra autora, en uno de los libros que más ha desenmascarado la oscura trama del negocio farmacéutico:

"Los medicamentos inútiles se conocen en el argot farmacéutico con el nombre de 'medicamentos yo también' (*me-too-drugs*). Estos medicamentos se diseñan y comercializan con el objetivo de sustituir a un medicamento anterior cuya patente está a punto de expirar. Por lo que refiere a las propiedades terapéuticas, son esencialmente las mismas que las del medicamento anterior, pero, dado que se aprueban como si fueran medicamentos nuevos, la compañía farmacéutica que los fabrica tiene derecho a explotarlos en régimen de monopolio protegido por el derecho de patente durante unos cuantos años".

Por supuesto, el esfuerzo puesto por las grandes corporaciones farmacéuticas para conservar patentes, e incluso para investigar, está puesto en aquellos productos, o en aquellas enfermedades, que pueden redituarles sabrosos beneficios económicos. Tal cual ha observado más de una vez Médicos sin Fronteras, no existe ningún interés por parte de las grandes corporaciones en tratar de hallar respuestas farmacológicas a enfermedades que afectan fundamentalmente a los ciudadanos de los países pobres, o a los pobres de los países ricos. Se calcula que estos sectores sociales no estarán en condiciones de adquirir masivamente los nuevos fármacos y, como la relación costo-beneficio no arroja un suculento rédito, no invierten en investigación alguna.

Las "enfermedades olvidadas" (a las que se refieren especialmente los Médicos sin Fronteras), como el Chagas, la malaria, el dengue, etc., deberían contar ya y desde hace muchos años con tratamientos apropiados para su cura. Sin embargo, como bien apunta Forcades i Vila, aquellos seres olvidados de los países más pobres, en especial de África, que no son considerados para encarar investigaciones que deriven en fármacos capaces de tratar enfermedades hoy letales, son utilizados en cambio como cobayos para estudiar enfermedades que afectan al mundo desarrollado. La autora cita un ejemplo que conmocionó en su momento al mundo científico:

"En 2000, David Rothman, en el estudio *La vergüenza de la investigación médica*, demostró que en 15 de los 16 ensayos clínicos que se llevaban a cabo en países en vías de desarrollo para estudiar un método más económico de prevenir la trasmisión del virus del SIDA durante el embarazo, las mujeres del grupo de control recibieron un placebo (una pastilla de azúcar) en vez del tratamiento con AZT que está demostrado que evita la trasmisión maternofetal del virus. Según la convención de Helsinski para los protocolos éticos de la investigación médica, lo que debía haberse hecho habría sido comparar la nueva alternativa terapéutica con el tratamiento más eficaz de todos los existentes".

El estudio se llevó a cabo con 17.000 mujeres que de un día para el otro dejaron de recibir el tratamiento apropiado, marchando lentamente hacia la muerte, tanto ellas como sus hijos. Muchos de esos científicos, seguramente, pondrán caras de espanto si en una conversación entre amigos se habla de las horrorosas experiencias médicas de los nazis.

Patente de lucro salvaje

En 1994, en el seno de la Organización Mundial de Comercio se firmó un acuerdo sobre la protección de la propiedad intelectual, al que se conoció vulgarmente como ADPIC (Aspectos de los Derechos de Propiedad relacionados con el Comercio). El acuerdo entró en vigencia para todos los países miembros en enero de 1995.

El objetivo de dicho acuerdo, según plantearon los países más desarrollados e industrializados del mundo, era proteger en el aspecto comercial derechos de autor y derechos conexos (en el caso de una obra de arte, ejecutantes e intérpretes), marcas, diseños industriales y patentes.

No eran, claro, los derechos de los ejecutantes lo que preocupaba a las potencias industriales. Lo que se buscaba, en esencia, era asegurarles a las farmacéuticas, entre otras corporaciones, el monopolio del negocio de sus productos y, en consecuencia, la capacidad de imponer precios y condiciones de comercialización.

Para los países en desarrollo, particularmente de África y América Central, respetar los derechos de propiedad de escritores, músicos y artistas en general no suponía un problema; depender de patentes medicinal y de biotecnología, en cambio, suponía poner a merced de las megatransnacionales la salud y la vida de sus pueblos.

Cuando el ADPIC entró en vigencia, quedó establecido que los países en vías de desarrollo y aquellos que estaban en proceso de transformación de su economía de planificación central (comunistas) a una de libre mercado, tendrían una prórroga de cinco años, hasta el 2000, para verse obligados a acatar el acuerdo, siempre y cuando cumpliesen con "determinadas condiciones".

De muchas maneras, el ADPIC era una de las puntadas finales que el neoliberalismo reinante, bajo el Consenso de Washington, le daba a su modelo de hegemonía absoluta del mercado por sobre las legislaciones y las políticaS de los Estados nacionales, y también, de su modelo de darwinismo social.

El escenario sobre el que se planteaba tamaño acuerdo era (y es) el de un mundo en el que el 30% de la población mundial no tenía (ni tiene) acceso a medicamentos esenciales. En África y la India, el porcentaje trepa al 50%; y aun con los genéricos a bajo costo que producían los laboratorios indios, sólo el 30% de los habitantes de ese país estaban en condiciones de adquirir los fármacos que necesitaban.

El jurista británico Justice C. Nwobike, especialista en derechos humanos y comercio, aporta algunos datos que dejan ver el siniestro rostro del ADPIC llevado a la práctica:

"Observamos que no sólo el acuerdo sobre los ADPIC o la Organización Mundial de Comercio individualmente están provocando esta situación [vulneran en el derecho a la salud en muchos países], sino también las empresas farmacéuticas o los gobiernos de países industrializados actuando en nombre de empresas. Las patentes afectan la promoción de la salud pública, principalmente por el impacto en el acceso a medicamentos. Las patentes de medicamentos que conceden derechos exclusivos a los titulares de esas patentes permiten que éstos cobren un elevado sobreprecio sobre los costos marginales de producción [...]. Por ejemplo, 150 mg del medicamento para VIH *Fluconazola* cuesta U\$55 en la India, donde no está protegido por patente, mientras cuesta U\$697 en Malasia,

U$703 en Indonesia y U$817 en Filipinas, países donde está protegido por patente".

Luego, Nwobike arremete contra el clásico discurso auto-justificativo de las megacorporaciones farmacéuticas:

"La industria farmacéutica y los que la apoyan desde los gobiernos justifican las patentes sobre los medicamentos y los altos precios por el hecho de que la investigación y el desarrollo de productos farmacéuticos son extremadamente dispendiosos. Hasta ahora no hay evidencias convincentes que comprueben esta alegación. Incluso si ella estuviera basada en los hechos, lo que importa acá no es que el desarrollo de los medicamentos sea caro, sino que la tasa de retorno sobre la inversión es normalmente alta y que las empresas farmacéuticas obtienen ganancias astronómicas".

Una flagrante desigualdad

También es real, tal cual apunta el jurista británico, que normalmente son instituciones financiadas por los gobiernos las que llevan adelante las investigaciones más complejas. Pero, una vez hecho el descubrimiento, son las farmacéuticas las que patentan el medicamento y se alzan con las ganancias.

"En diciembre del 2000 –recuerda el autor–, se hizo pública una disputa entre el Instituto Nacional de Salud de los EE.UU. (NIH) y la Bristol Meyers Squibb. El NIH está exigiendo U$9,1millones en royalties por las ventas internacionales de la *Didanosina*, usada en el tratamiento de VIH/SIDA".

Poco de esto sería posible si las corporaciones no tuviesen el respaldo, con frecuencia desembozado, de los países desarrollados, particularmente de Estados Unidos. El sometimiento de los gobiernos de estos países llega al punto en que Estados

Unidos, por ejemplo, asume como propia la lucha por rentabilizar al extremo el negocio de los fármacos, y amenaza a los países que incumplen con el ADPIC con sanciones económicas. Lo hizo con India, Brasil, Argentina, Egipto y República Dominicana; pero también con sus socios históricos, como Israel. Sin embargo, y por conocido no es menos escandaloso, estos mismos países ricos, que amenazan con hacer tronar el escarmiento cuando algún Estado incumple las severas normas de libre mercado que se dictan desde la OMC, son los primeros en cambiar de vara a la hora de medir sus propias conductas comerciales. Leamos nuevamente a Nwobike:

"Tras los atentados terroristas del 11 de setiembre de 2001, algunos casos de ántrax en EE.UU. causaron alarma sobre posibles ataques biológicos terroristas. Estados Unidos y Canadá amenazaron con emitir licencias obligatorias para la fabricación del *Cipro*, la única cura conocida para el ántrax y producido por Bayer, empresa farmacéutica alemana, bajo la protección de patentes, a menos que fuera vendido con descuento".

En esa ocasión, ninguno de los dos gigantes del norte de América tuvo problema alguno en arrasar con las normas impuestas por ellos mismos en materia comercial. Se argumentó que era una situación excepcional y una emergencia para garantizar la salud pública. Dicha emergencia, medida en números, fue de 13 casos de ántrax y tres muertes en EE.UU., mientras que Canadá no registró ni un solo caso. En África, en cambio, mueren 3 millones de personas por año víctimas de SIDA, pero para ellos no existe emergencia alguna.

Niños y pobres como cobayos

En su ya varias veces citado libro *Los crímenes de las grandes compañías farmacéuticas*, Teresa Forcades i Vila describe algunos de los experimentos letales llevados a cabo por las transnacionales de los fármacos en países del Tercer Mundo. También Justine C. Nwobike recuerda un caso que no sólo produjo un daño gravísimo en su momento, sino que, por el impacto que tuvo en la población, sus efectos continuaron en el tiempo.

En el año 1996, en la ciudad de Kano, la mayor del norte de Nigeria, se desató un brote de meningitis. Siempre, cuando este tipo de epidemias ocurre en países pobres, se da una buena oportunidad para que las transnacionales farmacéuticas lleven a cabo pruebas que, si las hiciesen en sus países de origen, acabarían con todo su directorio en la cárcel.

La ocasión estaba a la mano, y Pfizer decidió enviar a seis de sus investigadores para que implementaran pruebas en los pequeños pacientes del hospital de enfermedades infecciosas de la ciudad.

El propósito era comprobar si su último desarrollo farmacológico, el *Trovan*, un antibiótico que había dado excelentes resultados en adultos, podía funcionar también en niños.

Violando todos los protocolos de la Declaración de la Asociación Médica Mundial de Helsinki, los investigadores de Pfizer seleccionaron a 100 niños, a los que comenzaron a tratar con ese fármaco, mientras otros cien recibían cefriaxona, la droga probada para tratar la meningitis, y que era suministrada en forma gratuita a Médicos sin Fronteras por el Estado nigeriano.

Tratar a un paciente con un medicamento cuya efectividad no está probada requiere que los investigadores expliquen los riesgos, la finalidad de la investigación, el método de estudio y, antes que nada, que se obtenga la explícita autorización del paciente; algo muy difícil de lograr si el paciente se encuentra en estado terminal o carente de juicio para evaluar los riesgos.

Lo cierto es que, al cabo de unos días, entre los pequeños que estaban siendo tratados con *Trovan*, 11 murieron y otros varios padecieron graves secuelas, como daño cerebral, sordera y parálisis.

Ante la tragedia, decenas de padres de los niños que habían sido usados como cobayos iniciaron acciones legales contra la corporación en un tribunal de Manhattan. Los litigantes reclamaban no sólo una indemnización económica por daños, sino que pedían que se impidiese a la transnacional volver a realizar experimentos en cualquier parte del mundo.

Escuchemos ahora a Nwobike:

"La empresa presentó una carta del hospital diciendo que el comité de ética del hospital había aprobado el estudio con el *Trovan*. Es interesante observar que los peticionarios argumentan que la carta fue escrita un año después, datada retroactivamente, y que en la ocasión en que ocurrió la prueba de Pzifer, el hospital no poseía comité de ética, ni membrete el papel en el que la carta fue escrita".

Lo cierto es, más allá de la tragedia que la empresa provocó en el hospital de Kano, el hecho se hizo público y aterrorizó a una población con bajísimos niveles de alfabetización, que mayoritariamente se negó a recibir la vacuna contra la polio que el gobierno administraba gratuitamente, cuando se expandió un rumor que aseguraba que dichas vacunas producía daños colaterales en la salud.

Lógicamente, luego del experimento de Pzifer en el hospital de Kano, con las consecuencias visibles para muchísima gente, la confianza en la medicina y en los médicos se evaporó.

Mientras tanto, en la otra parte del mundo, la de la opulencia, el *Trovan*, que salió al mercado dos años después de las pruebas en Kano, se convirtió en la nueva estrella de los antibióticos, facturando más de 160 millones de dólares sólo el primer año.

Capítulo 7

DE LA MADRE TIERRA A LA MADRE CORPORACIÓN

"En una economía sin trabas, con salarios, costos y precios a merced del libre juego de la competencia, las perspectivas de beneficios deciden cuáles serán los artículos que se produzcan y en qué cantidades; y cuáles los que no han de producirse en absoluto".

Henry Hazlitt

Hace muchos años, los hombres cultivaban los cereales y criaban el ganado con los que se alimentarían ellos mismos y sus familias. Después la tarea fue quedando en manos de una multitud de empresas que, cada una en su rubro, cubrían la necesidad más acuciante del hombre: alimentarse.

Con el tiempo, aquel capitalismo centrado en la producción de bienes fue muriendo y su heredero fue un capitalismo basado, fundamentalmente, en la valorización financiera.

Producir bienes se convirtió en una actividad "poco lucrativa" si se pensaba en términos especulativos, y la actividad sólo comenzó a considerarse "rentable" si la producción se hacía a gran escala. Así, y poco a poco, cada una de las ramas de la producción se fue concentrando en cada vez menos manos, y las gigantescas corporaciones que se adueñaron de la actividad se convirtieron, también, en regentes de la cotidianeidad de los hombres. En efecto, su calidad de esa vida depende en mucho de la atención sanitaria, la provisión de medicamentos, una eficiente satisfacción de las necesidades alimentarias.

La tierra para el que la desgasta

Agrópolis Internacional es una asociación que fue fundada en 1986 por Louis Malassis, un ingeniero agrícola francés preocupado por las condiciones de vida de los pequeños agricultores. Hoy, ya sin su fundador vivo, Agrópolis se ocupa de cuestiones relacionadas con la biodiversidad, la agricultura familiar y el medio ambiente. Investiga, educa y produce informes anuales que, al ciudadano medio, le suelen poner los pelos de punta.

En noviembre de 2013, *Euroxpress*, el portal de noticias de la Unión Europea, publicó con las firmas de María Ángeles Fernández y J. Marcos un revelador artículo. Éste se ocupaba de desmenuzar parte del último de los informes de la organización. Allí se informó, por ejemplo, que las diez principales cereales del mundo controlan el 75% del mercado de granos del planeta, y que la facturación de tres cadenas de supermercados, sumadas, superan el PIB de varios países del mundo.

Es que el rubro alimentos, que al comenzar la década de los 90 no era particularmente atractivo para los grandes inversores financieros, lentamente se fue transformando en un negocio apetecible, a partir de que, con la concentración de los campos cultivables en manos de grandes corporaciones, fue posible manejar el precio de los granos en los mercados mundiales y obtener altas rentas, además de un creciente poder político sobre los diferentes gobiernos.

Al terminar la década, la añeja dispersión de la tierra en muchas manos prácticamente había desaparecido. Innumerables pequeños agricultores debieron vender sus pocas hectáreas, imposibilitados de competir con los grandes *pool* de siembra; otros, directamente fueron expulsados con métodos coercitivos. El crecimiento vertiginoso de esa concentración queda bien a la vista en el informe de Agrópolis. En 1996, las diez mayores cerealeras que hoy controlan el 75% del mercado, capturaban menos del 30% del total de la venta de granos.

Vayamos al trabajo de Fernández y Marcos:

"La producción mundial de semillas ahora está dominada por un puñado de empresas. El oligopolio es el resultado de un sinnúmero de fusiones y adquisiciones, que el informe [el de Agropolis] explica a través de un complejo diagrama. Las diez principales compañías que dominan el mercado son: Monsanto (con el 26% de la cuota), seguido de DuPont (18,2) y de Syngenta (9,2). El resto de las compañías son Wilmorin, WinField, KWS AG, Bayer CropSciencies, Sakata y Taki & Company".

La concentración en la producción de granos no sólo repercute fuertemente en la fijación de precios, sino que atenta contra la diversidad de los cultivos, pues se produce únicamente lo más rentable. En Filipinas, dicen los autores, se cultivaban más de 3.000 variedades de arroz antes de la Revolución Verde de los años 60; hoy sólo quedan dos variedades en el 98% de la tierra cultivable. Pero no es el único caso en que las corporaciones de los alimentos hacen prevalecer su rentabilidad sobre cualquier tratamiento racional de los recursos, sobre la mínima equidad en las tareas de los trabajadores agrícolas, sobre los intereses de los Estados supuestamente soberanos y sobre las necesidades básicas de sus habitantes.

Adiós a la pampa

Si bien no se lo menciona en el trabajo citado, otro caso significativo es el de Argentina. Este país, tradicionalmente uno de los mayores productores y exportadores de granos del mundo, ha sufrido, a partir de introducción de semillas de soja transgénica por parte de Monsanto en 1996, una dramática reconfiguración de su producción agrícola.

En la actualidad, más del 50% de la tierra cultivable está destinada a la soja (18 millones de hectáreas). En ese marco, cada año se deforestan 200 mil hectáreas de monte, los tambos han disminuido en un 50% y la superficie cultivada de algodón cayó notoriamente en los dos distritos tradicionales; un 40% en la provincia del Chaco y un 78% en la provincia de Formosa, sólo por consignar algunos datos. El desgastante proceso de "sojización" en Argentina conducirá, inevitablemente, a que el país afronte onerosas consecuencias, entre ellas, la de marchar hacia un esquema productivo de monocultivo, reduciendo o eliminando la paleta de granos (maíz, trigo, girasol, sorgo) que los generosos suelos del país son capaces de producir. Reducción que, inexorablemente, desembocará en un aumento sustancial de los precios de los alimentos. Sin trigo, por ejemplo, el pan, entre otros productos dependientes de la harina, podría convertirse en un artículo de lujo para los argentinos. Y hay que tener en cuenta que la soja emplea poca mano de obra y somete la tierra a un desgaste feroz.

Otro daño, que el país ya ha comenzado a padecer, es la progresiva disminución de la superficie destinada a la ganadería, un rubro en el que Argentina se destacaba no sólo por la calidad de ganado, fundamentalmente vacuno, sino por las divisas que recaudaba el Estado en concepto de exportaciones.

Y por fin, debido a los avanzados procesos tecnológicos que asisten a la producción sojera, lo que ya insinuamos: la paulatina pérdida de puestos de trabajo en el sector rural.

Así las cosas, y debido a la concentración de la tierra, al manejo del cultivo basado exclusivamente en la hiperrentabilidad, podría ocurrir que, en no mucho tiempo, Argentina, considerada "el granero del mundo", pierda su soberanía alimentaria, debiendo importar productos tan imprescindibles como el trigo y la papa.

La imagen arquetípica de una pampa feraz y verde podría, en no mucho tiempo, ser reemplazada por el retrato de una tierra agotada y sin posibilidades de cultivo por muchísimos años.

Quién es quién

El siguiente eslabón en la cadena del negocio de los alimentos lo integran, precisamente, corporaciones dedicadas a elaborar productos para consumo de la población mundial. Si bien Nestlé es el gigante del sector con una facturación anual promedio de unos 103.000 millones de dólares, es sólo parte del selecto grupo de las diez megacorporaciones que, en conjunto y según informes de la FAO, capturan casi el 80% del mercado mundial de alimentos.

El exclusivo club de "las 10" lo conforman:

+ Nestlé, que bajo 31 marcas distintas comercializa 146 productos.
+ Coca-Cola, con sus 400 marcas.
+ Pepsico, dueña de 22 sellos comerciales.
+ Unilever, con tantas marcas como Coca Cola.
+ Mars, que controla más de 100 diferentes marcas de productos alimenticios.
+ Kraft (ahora Mondeléz International), que concentra más de 150 sellos.
+ La multifacética Johnson & Johnson, con sus más de 75 marcas.
+ Procter & Gamble, que es dueña de más de 300 marcas.
+ Kellogg's, con 65 sellos comerciales.
+ General Mills, que bajo sus 100 marcas comercializa más de 615 productos.

Un cálculo aproximado, siempre difuso y variable, dice que entre las diez corporaciones facturan unos 1.000 millones de dólares al día, y que la valoración comercial de las alimenticias supera el precio que podría pagarse por las empresas energéticas. Además, la facturación de estas diez megacorporaciones representa algo más del 10% de la economía mundial. Algo comprensible si se considera que sólo Nestlé tiene ingresos anuales superiores al PIB de varios países emergentes, por ejemplo Guatemala. En un trabajo sobre el control del sistema alimentario mundial por parte de un pequeño grupo de transnacionales, afirma con angustia el periodista venezolano Salvador Capote:

"El control casi absoluto de todos los eslabones de la cadena alimentaria y la participación creciente del capital financiero especulativo en todos los niveles de la producción y distribución, determinan que las inversiones se dirijan exclusivamente hacia las áreas que producen mayores ganancias, que los precios tengan poco o nada que ver con la oferta y la demanda, y que la distribución de los alimentos y la posibilidad de su adquisición estén totalmente desconectadas de las necesidades de la población".

Gigantes que comen gigantes

Existe un dato que bien podría servir como punto de partida para realizar una proyección sobre cuánto más crecerán, se concentrarán y acumularán poder económico y político estas megacorporaciones.

En algo así como cuatro décadas, empresas que disputaban el mercado de los alimentos con otras tantas, se transformaron en gigantes oligopólicos que controlan, cuando menos, uno de los eslabones de la cadena alimentaria. Un trabajo realizado por dos investigadores del Departamento de Sociología Rural de la Universidad de Missouri, Douglas H. Constance y William D. Hefferman, explica con claridad cómo ocurrió ese proceso:

"A la elevada concentración económica asociada con las distintas mercancías se llegó a través de la 'fusionmanía' del decenio de 1980. Estas fusiones fueron resultado de la desregulación de Reagan y del menor rigor en la aplicación de las leyes antimonopolio por parte de los Estados norteamericanos en respuesta a la crisis de acumulación de capital".

Fue la década en la que en Europa y los Estados Unidos se abandonó la línea económica marcada por el keynesianismo, adhiriendo a los viejos postulados levantados en los años 30 por Friedrich Hayek, uno de los padres de ese neoliberalismo que comenzó a hegemonizar al mundo al comenzar los 80.

Volvamos al trabajo de los investigadores estadounidenses:

"Las empresas que sobrevivieron a la consolidación económica fueron grandes consorcios, lo bastante diversificados para ajustarse a los ciclos de las materias primas, lo bastante grandes para aprovechar sus economías de escala, y lo bastante poderosos para evitar ser comprados o expulsados. Su supervivencia se basaba en el poder económico y político más que en la eficiencia económica".

Otra cuestión a tener en cuenta para comprender cómo sustentan el enorme poderío económico (y también político) estos gigantes transnacionales, es estudiar cómo van diversificando sus negocios en actividades diferentes de la principal, y cómo van absorbiendo competidores. Constance y Hefferman acuden a varios ejemplos. Nosotros tomaremos sólo uno de los que ofrece su trabajo: el entramado de Cargill, cuyas empresas están asentadas en 50 países y emplean miles de trabajadores. Dicen los autores:

"Cargill opera primordialmente en la oferta de mercancías y servicios al por mayor, interviniendo en el comercio de al menos 103 productos, que van desde el zumo de manzana hasta la lana. Entre otros se incluyen alimentos 'ordinarios' como el maíz, la avena y el arroz; compuestos alimentarios como la harina de girasol, la pulpa de limón y la mantequilla de cacao; minerales como los metales ferrosos, el oro, el platino y la sal; combustibles como el fuel oil, el gasóleo y la gasolina; gases como el nitrógeno; por no hablar de otras actividades, como los fletes transoceánicos, los instrumentos financieros y los servicios de inversión".

Abrumador, sin dudas. Tanto que, si se listan las distintas actividades a las que se dedica Cargill, se puede comprobar que el gigante corporativo opera en más rubros que a los que se dedican muchos Estados nacionales.

Veamos ahora la "fusionmanía" de la que hablan los autores y el entusiasta ejercicio que practica Cargill en ese terreno:

"En 1990, entre sus demás actividades, Cargill adquirió de Unilever la empresa United Agricultural Merchants; creó junto con Nippon Meat Packers, de Japón, Sun Valley Thailand como empresa conjunta; construyó, por importe de 1.250 millones de dólares, una planta de melazas en Estados Unidos; compró la empresa Alexander, fábrica de piensos de Nueva York, a Continental Grain; aceptó comprar para su filial Excel la empresa Emge Packing, de Indiana; anunció planes para abrir oficinas en Moscú y Varsovia; amplió sus fábricas de harinas de maíz en Tennessee, y proyectó una expansión por importe de 8.300 millones de dólares de sus instalaciones avícolas en Florida".

Costaría encontrar entre los pequeños países africanos o de Centroamérica, por ejemplo, alguno que haya hecho, en un año, inversiones de la magnitud que hizo una sola corporación como Cargill. Claro, ninguna ley antimonopolio parece afectarla. Y eso es porque la soberanía de las corporaciones supera y niega la de los propios países donde éstas operan.

Producir, vender, fijar el precio

El tercer eslabón del lucrativo negocio de los alimentos está integrado por quienes, finalmente, acercan los productos a manos del consumidor: las cadenas de supermercados o grandes superficies comerciales.

Estas gigantescas corporaciones transnacionales concentran el comercio de casi todos los productos que adquieren los hogares de los diferentes países del mundo, y determinan no sólo el precio final de cada uno de esos artículos, sino que regulan tendencias y hábitos de consumo.

La expansión definitiva de estos gigantes comerciales se produjo al comenzar la década de los 90. El salto vino de la mano de la apertura de los mercados en aquellas regiones del planeta en las que, poco antes, las regulaciones estatales habían resistido, pese al vendaval neoliberal que sacudió las estructuras económicas de los países industrializados.

América Latina fue el último enclave en el que resistieron los locales minoristas barriales, aquellos que se especializaban en diferentes rubros de la actividad comercial. La irrupción de las megacadenas, que ya reinaban en los Estados Unidos y Europa, barrió virtualmente con todos ellos. Un trabajo coordinado por Esther de Haan y realizado por una coalición internacional (Ropa Limpia), que reúne a ONG's, sindicatos y organización de consumidores, traza una buena radiografía de estos gigantes del comercio mundial:

"La mayor empresa del planeta es una gran cadena estadounidense de distribución y de venta al detalle. Los establecimientos Wal-Mart reciben cada semana 175 millones de clientes y registraron una facturación, en 2007, de 253.000 millones de euros. Su competidor europeo es Carrefour, que cada día atiende a 25 millones de clientes. La británica Tesco recibe 30 millones de compradores y compradoras a la semana. Estas tres empresas, presentes en 43 países de cuatro continentes, se han convertido en líderes indiscutibles en el mercado alimentario, y tienen una posición privilegiada en el de la confección y los productos textiles".

En el año 2007, citado por el informe, Wal-Mart ocupaba el segundo lugar entre las 50 empresas más poderosas del mundo por su volumen de ventas, y concentraba el 21% de las ventas de los distribuidores minoristas de la alimentación.

Pero, desde luego, como ya se ha visto en el caso de las agroalimentarias, las cadenas de comercialización no se limitan exclusivamente a obtener ganancias con lo que ofrecen en sus góndolas, sino que participan también en las áreas de producción e industrialización de los alimentos. En Argentina, por ejemplo, un país agrícola ganadero por excelencia, los grandes supermercados como Wal-Mart o Carrefour tienen sus propios campos de cría vacuna y sus propios frigoríficos, con lo cual limitan y condicionan a sus clientes, bien con precios más tentadores (hasta destruir la competencia) en su propios productos, o bien con la inexistencia en sus góndolas de productos competidores. Ferrán García y Marta G. Rivera, dos investigadores españoles, suman otro ejemplo de su propio país:

"Socomo (Sociedad de Compras Modernas S.A, filial de Carrefour) se ha convertida en la primera empresa comercializadora del sector hortofrutícola español. La mitad de la producción que gestiona Socomo se vende en los centros Carrefour de fuera de España, y esto convierte a la empresa en la segunda exportadora española de frutas y verduras. Socomo compra en España el 85% del producto que comercializa y el resto en distintos países del mundo. Sus proveedores son más de 400 sociedades, integradas por cooperativas y por las principales empresas del sector hortofrutícola español".

Otro ejemplo que aportan García y Rivera es el caso de Mercadona, el comercializador más grande de España, superando en venta allí nada menos que a Carrefour. Esta cadena española cuenta con lo que podríamos llamar proveedores cautivos o "intraproveedores", como los denominan las autores. O sea: proveedores que producen exclusivamente para Mercadona. Dicen los investigadores:

"Se trata de una relación muy estrecha donde a veces es difícil diferenciar qué es Mercadona y qué es el proveedor. Otras veces, Mercadona es directamente el propietario del proveedor. Un tercio de las ventas de Mercadona son de marca blanca (marca propia)".

A continuación, los autores suman una lista de empresas que en diferentes rubros (zumos, carne, pescado y leche) han sido adquiridas por el gigante español o Mercadona es uno de sus accionistas. En suma, la gran comercializadora española cuenta con más de 120 intraproveedores, lo que equivale a decir que participa activamente en toda la cadena que va de la producción a la venta al público. A nivel mundial, los propios autores han confeccionado la lista de las 15 corporaciones más poderosas del mundo por sus niveles de venta, y no sólo de productos alimenticios. En los primeros diez lugares, y en orden decreciente, se hallan:

+ Wal-Mart, de los EE.UU.
+ Carrefour, de Francia.
+ La holandesa Ahold.
+ La británica Tesco.
+ Seven & I, de Japón.
+ La también estadounidense Kroger.
+ La alemana Rewe.
+ Aldi, también de Alemania.
+ La francesa Casino.
+ Metro Group, de Alemania.

El que quiera cobrar, que pague primero

Las grandes cadenas transnacionales de distribución en formato de supermercados o hipermercados nacieron en Europa y los Estados Unidos, y luego se fueron expandiendo al resto del mundo, siempre con una consigna inicial: precios más bajos.

Se suponía (y se admitía) que, en la medida en que las megacorporaciones tenían la posibilidad de adquirir productos en grandes cantidades, sus proveedores sacrificarían parte de sus ganancia en aras de multiplicar sus ventas.

La estrategia que reinaba por detrás de la consigna "precios más bajos" se apoyaba en dos patas. La primera, bajar efectivamente los precios en una etapa inicial, aún a costa de ceder parte de la rentabilidad y con el propósito de ir haciendo desaparecer a los pequeños comercios y los de proximidad, eliminando competencia y arrebatándoles, a la vez, las posibilidades de elección a los consumidores.

Logrado lo primero, la segunda etapa consistía en presionar sobre sus proveedores, obligándolos a resignar más y más rentabilidad, a riesgo de quedar "fuera de precio" y no poder colocar sus productos en el mercado. En Suecia, las transnacionales de la distribución ya concentran más del 90% de la ventas; en Dinamarca el 68%, y en Argentina (Latinoamérica es una de las regiones en que más tarde llegaron las megacorporaciones de venta al detalle), cinco grandes cadenas capturan más del 60% de las ventas. Frente a dicho escenario, agricultores, ganaderos y fábricas industriales deben acomodarse a las tiránicas políticas supermercadistas, o prepararse para desaparecer. Ya en el año 2007, Christian Jacquiau, en un trabajo sobre el desarrollo de la gran distribución en Francia, señalaba:

"Supermercados e hipermercados se desarrollaron. Francia conoció todos los récords de densidad en Europa […]. Las tiendas ya no hacían pedidos directamente, sino que formaban unos grupos que llamaban 'centrales de compra' para tener más peso en las negociaciones con los proveedores. La era de las fusiones y de las concentraciones llegó a la constitución de un verdadero oligopolio".

Este poder, basado en la posición dominante de la que comenzaron a gozar, les permitió someter a sus proveedores a verdaderos chantajes, en cuanto a calidad, precio y forma de pago. Volvamos a Jacquiau:

"Los proveedores no sólo deben estar de acuerdo con los precios, sino también pagar un derecho de entrada 'para tener referencias', ofrecer al conjunto de almacenes de la red mercancías gratuitas en las primeras entregas, pagar para ver sus productos expuestos en un sitio privilegiado, pagar para financiar las campañas promocionales, pagar para figurar en los catálogos, pagar para la implantación de nuevos almacenes, pagar para la reparación o las mejoras de los más antiguos, pagar para que se les paguen las propias facturas".

Las seis poderosas cadenas de distribución en Francia reconfiguraron el antiguo funcionamiento del ámbito rural, reduciendo a su mínima expresión los emprendimientos agrícolas y ganaderos, que fueron incapaces de someterse a tamañas exigencias. Dice el investigador francés:

"Estas grandes redes destruyeron el comercio de proximidad, arruinaron la artesanía, aplastaron la agricultura de tamaño humano, desertificaron el campo, empujaron la deslocalización de la industria y favorecieron las importaciones masivas que implicaban desempleo, miseria y precariedad. La competencia desaparece y la elección del consumidor se limita a medida que se llevan a cabo nuevas concentraciones".

Un mal sobre otro

El proceso ocurrido en Francia (uno de los países más poderosos de Europa y acaso con mayor regulación estatal), tal como fue descripto por Christian Jacquiau, no es muy diferente del que ocurrió en el resto de los industrializados. En los países en vías de desarrollo, en tanto, todo fue más dramático. No sólo los proveedores debieron resignar tasas sustanciales de rentabilidad, lo que en muchos casos los llevó a la bancarrota (propiciando una concentración "natural" entre quienes eran capaces de soportar esta suerte de darwinismo comercial), sino que las megacorporaciones olvidaron el viejo lema de "el precio más bajo", y descargaron sobre las espaldas de los consumidores aumentos de la propia rentabilidad cercanos a la delincuencia.

En su trabajo, Jacquiau se queja porque "un kilo de tomates comprado a 0,35 euros al agricultor se revende a 2,50 euros o 3 euros al consumidor", pero en América Latina, y en Argentina en particular, en donde a comienzos de 2014 el gobierno hizo un relevamiento de las ganancias obtenidas por cada eslabón de la cadena alimentaria, se comprobó que, por ejemplo, en el rubro frutas y verduras, los supermercados obtenían rentabilidades superiores (no hay error) al 1.000%.

La salvaje captura de la renta por parte de estas megacorporaciones transnacionales (que por añadidura fugan las ganancias al exterior en lugar de invertirlas en los países de los que las extraen) tiene, además de la disminución del poder adquisitivo de la población, costos adicionales para los contribuyentes de países en los que operan.

+ El cierre de establecimientos agrícolas familiares.
+ La desaparición de pequeñas y medianas industrias.
+ La incapacidad de los sectores más pobres de la sociedad de alcanzar la canasta básica alimentaria.
+ La obligación del Estado de contribuir con subvenciones o planes sociales a: el grupo de personas desalojadas del sistema productivo; las imposibilitadas de adquirir esos bienes.

Los indefensos consumidores se ven entonces incapaces de soportar con sus salarios las ganancias criminales de las corporaciones, que monopolizan la venta de alimentos. El Estado debe evitar que caigan en la indigencia. O sea que, en definitiva, éste termina subvencionando un sistema que, en realidad, debería estar en condiciones de desbaratar.

Capítulo 8

PRIVATIZARLO TODO

"Que se privatice todo, que se privaticen mar y cielo, que se privaticen el agua y el aire, que se privaticen la justicia y la ley, que se privatice la nube que pasa, que se privatice el sueño... Y finalmente, para blasón y remate de tanto privatizar, privatícense los Estados, entréguese de una vez por todas la explotación a manos privadas mediante concurso internacional, aquí se encuentra la salvación del mundo... Y metidos en esto, que se privatice a la puta que los parió a todos".

José Saramago

Pocos elementos más determinantes para la existencia de la vida que el agua. Tanto es así que, cuando los científicos procuran desentrañar si existió o no vida en algún planeta, lo primero que tratan de determinar es si hay o hubo agua.

En el planeta Tierra sólo un porcentaje menor puede ser utilizado para satisfacer las necesidades humanas, y los cálculos más rigurosos hechos en los últimos años dan cuenta de que ya, al día del hoy, el planeta produce un 20% menos del agua que necesita la población mundial para satisfacer sus necesidades. Los ecologistas han planteado soluciones para que guerras como las que se libran hoy por el petróleo no ocurran mañana en relación con el agua. Los conflictos originados en su posesión y/o explotación comienzan ya a poblar la imaginación de los guionistas de Hollywood, aunque es bien sabido que, a menudo, el cine obra como globo de ensayo o batallón de ablande para imponer ideas que en principio resultan descabelladas.

Por su parte, la *corporatocracia*, acudiendo a una de sus instituciones súbditas, ha dado una particular visión del problema. El Banco Mundial, puesto a desenredar la madeja, le brindó al mundo una respuesta muy propia de su "manual de procedimientos". Si el agua escasea, dice, debe ser considerada como uno más de los productos del suelo o del subsuelo, como el petróleo o como los diferentes minerales. O sea: debe comprarse y venderse, y para ello, para las inversiones y para el manejo de tan sustantivo negocio, nada mejor que el capital privado.

Ya en el año 2000, un primo hermano del Banco Mundial, el Fondo Monetario Internacional, forzó a 16 países acuciados por la deuda externa a privatizar el agua. Entre ellos, Honduras, Nicaragua, Panamá, Senegal, Nigeria y Ruanda.

En Bolivia, fue el Banco Mundial el que obligó al gobierno a privatizar su sistema de agua potable en Cochabamba, y fue la estadounidense Betchel la que ganó una licitación muy cargada de sospechas. Bastaron pocas semanas desde el momento en que la empresa pasara a adueñarse del agua de los habitantes de Cochabamba, para que el precio se disparase un 40% por encima de lo que se estaba pagando. Pero ni el Fondo ni Betchel terminaron haciendo pie en el proceso de saqueo, porque el pueblo boliviano se organizó, resistió el zarpazo, y el agua volvió a pertenecerle.

Imponiendo una idea

José Esteban Castro, un sociólogo, maestro en Ciencias Sociales y doctor en Ciencias Políticas, publicó en el año 2007 un documentado artículo sobre el tema en la prestigiosa revista *Nueva Sociedad*. Allí enumera los puntos claves que los organismos internacionales pretenden instaurar a partir de procesos masivos de privatización del agua en el mundo. Transcribimos:

"Los recursos hídricos deben ser asignados a través del mercado, para lo cual deben crearse derechos privados de agua, libremente comercializables, que reemplacen los derechos colectivos o públicos preexistentes.

Los servicios de agua deben ser considerados un bien económico, es decir, un bien privado que debe ser adquirido en el mercado. Por definición, una vez que adquieren ese estatus, es posible excluir de su uso a quienes no los pagan, y se abandona así la noción de que son un bien público y social.

Los servicios de agua deben ser provistos por operadores privados, que son inherentemente más eficientes que los públicos. De ser posible, deben autorregularse mediante mecanismos de mercado, y la intervención estatal debe ser minimizada o incluso totalmente anulada.

Los servicios de agua no son un monopolio natural, como argumentan quienes defienden la intervención estatal, por lo que la mayor parte de las operaciones, con algunas excepciones básicas, pueden abrirse a la competencia. Sin embargo, la existencia de altos costos de transacción puede dificultar la competencia, en cuyo caso es preferible un monopolio privado antes que uno público. Lo mejor es mantener la regulación al mínimo o, de ser posible, anularla por completo.

Los usuarios del agua deben ser convertidos en consumidores, y los tenedores de derechos, en clientes".

El completísimo listado que ofrece Castro es la hoja de ruta que pretenden imponer los organismos de crédito internacional, en su carácter de grupos de tareas de la *corporatocracia*.

Con el manido argumento (que jamás se ha cumplido) de que la privatización de los servicios públicos no sólo mejoraría la calidad de prestación de éstos, sino que desahogaría las cuentas públicas, las corporaciones pretenden asaltar la última joya que les va quedado a los Estados en su poder. Algo similar, como vimos, argumentaban las grandes cadenas de supermercados cuando procuraban imponer su hegemonía en los distintos países. "Precios bajos", decían. O sea, venden una supuesta mejora que después se verifica como lo diametralmente opuesto. Pero este último zarpazo tiene consecuencias muchísimo más graves que cuando se privatizaron los servicios de electricidad, gas y telecomunicaciones. Se puede llegar a vivir sin luz eléctrica, sin gas y sin teléfono. No, sin agua.

Por otra parte, y si de eficiencia se trata, Castro recuerda que, a finales del siglo XIX, tanto Europa como Estados Unidos acudieron a procesos de privatizaciones de sus servicios de agua y saneamiento, aunque con fuertes regulaciones por parte del Estado. Ante el fracaso del modelo, las empresas debieron ser desprivatizadas y reemplazadas por empresas públicas. Dice el autor:

"Entre otras razones, este proceso se explica por el hecho de que las empresas privadas no eran eficientes, tendían a cubrir sólo ciertas zonas de las ciudades más importantes (ya que no había incentivos para extender los servicios a los sectores más pobres) y no estaban interesadas en avanzar en la recolección y el tratamiento de aguas sucias (se concentraban en el servicio de aguas limpias). El proceso fue similar en América Latina, como lo demuestra una serie de trabajos recientes".

El negocio por venir

En un amplio despacho ubicado en el piso superior de un gigantesco edificio blanco, en el 1818 de la H Street, desde donde se ve correr en diagonal la Avenida Pennsylvania, en la todopoderosa ciudad de Washington, un grupo de hombres debate. Intercambian información y deciden el destino del planeta. La sede del Grupo Banco Mundial (que de ella se trata) fue la elegida para ello. ¿Y por qué? Porque los integrantes del cónclave forman parte del ejército de burócratas que trabaja al servicio de los amos de las corporaciones, aquellos a quienes les apetece ser considerados como "los amos del mundo". Y, en realidad (sin delirios conspirativos ni absurdas paranoias), lo están siendo.

Esos amos saben que para el año 2025 la población mundial será de unos 9.000 millones de personas, y que el agua potable existente en el planeta (apenas el 1% accesible para el hombre del total de agua que contiene la Tierra) no alcanzará para todos. Faltará no menos de un 56% del líquido vital, lo que daría una cifra cercana a los 3.000 millones de seres humanos.

Otros números han caído sobre la mesa de trabajo, y sirven para resolver la crucial ecuación del mundo capitalista: la del costo-beneficio. Un ciudadano promedio de los Estados Unidos utiliza unos 600 litros diarios de agua, mientras que un africano apenas llega a los 10 litros. También saben que, del total del agua potable disponible, un 20% la necesita la industria, un 70% la agricultura, y apenas el 10% restante los seres humanos; porcentaje engañoso el último, ya que todos los presentes saben que, a la fecha, hay 1.200 millones de personas que no pueden acceder a tan vital recurso.

Las cifras son elocuentes, y arrancan una sonrisa entre todos los hombres sentados alrededor de la mesa del amplio despacho del último piso del edificio de la H Street.

El agua es el nuevo y gran negocio del futuro, concluyen. Sólo se trata de quitar del camino a ecologistas empedernidos, filántropos humanitarios y gobiernos insumisos a las "necesidades" del mercado.

Algunos de los presentes, incluso, se atreven a pronosticar el valor que podría llegar a tener cuando cotice en la bolsa de Nueva York. Lejos del lujoso edificio blanco, al sur del Río Grande, otros procuran develar qué será del mundo cuando las megacorporaciones sean también las dueñas de uno de los principales recursos naturales, el que sí o sí necesita el hombre para mantenerse vivo.

Hoy el petróleo, mañana el agua

Jorge Cuello, un abogado y docente de la Universidad Nacional de Buenos Aires, demuestra que el proyecto de la privatización del agua en el mundo no es una novedad para las corporaciones:

"A fines de febrero del año 2004 se filtró a los diarios *The Guardian* (británico) y *The New York Time* (norteamericano) un informe presentado por el Pentágono al Gobierno y al Parlamento norteamericano; en él se mencionan los efectos devastadores que está produciendo el cambio climático sobre el planeta y, especialmente, sobre los recursos hídricos. Y se advierte que, para el año 2020/2030, la humanidad hará frente a intensas y seguidas sequías, hambrunas, y sobre todo, a la escasez de agua potable".

A continuación, citando a la historiadora y especialista en geopolítica Elsa Bruzzone, Cuello completa las conclusiones a las que arribó el informe de los militares estadounidenses:

"Según Elsa Bruzzone, ante esta situación se sugiere el despliegue de las fuerzas armadas norteamericanas por el mundo para tomar el control de esos recursos donde quiera que se encuentren. Esta idea no desagrada a la OTAN, aliada y cómplice de EE.UU., y también está presente −entre líneas− en la Constitución Europea, que propone una nueva colonización de América Latina, Asia y África'".

Cinco años después de que Bruzzone publicase su libro *Las guerras del agua*, buena parte de la información que ella manejaba en ese momento comenzó a verificarse. Utilizando como caballo de Troya los atentados del 11-S, Estados Unidos obligó a los países de América Latina, Asia y África a promulgar una ley antiterrorista que, en los hechos, autoriza la presencia de tropas norteamericanas allí donde se considere que existen amenazas de ese tipo. En rigor, las "amenazas terroristas" no son más que una justificación para que el Pentágono ponga en práctica lo que le sugirió al gobierno y al Parlamento de los Estados Unidos.

Para confirmar la hipótesis, Cuello acude a la periodista argentina Telma Luzzani, especialista en política internacional, y al escritor Norman Mailer. Leamos:

"La periodista Telma Luzzani agrega que frente al contexto de la crisis global del agua existen dos escenarios posibles, ello en torno del conflicto sobre el control de la gestión y el acceso al agua por parte de los países desarrollados. Uno es la privatización de los servicios de agua potable y saneamiento. El otro es la apropiación territorial a través de compras de tierras con recursos naturales. Y a futuro, y en la peor de las circunstancias, no se descarta una invasión militar".

Luzzani escribió esto en el año 2003. Menos de una década después, quedó claro que, en verdad, las tres opciones se están llevando a cabo conjuntamente. Es respecto de la tercera que Cuello cita a Mailer:

"El escritor Norman Mailer agregó algo más: 'La administración de George W. Bush no fue sólo a Iraq por su petróleo sino por el Éufrates y el Tigris, dos ríos caudalosos en una de las zonas más áridas del planeta'".

Así como el gobierno de George W. Bush creó las condiciones para invadir Iraq —supuestamente productor de armas de destrucción masiva, algo que jamás pudo comprobar porque no era cierto— y para apropiarse del petróleo y el agua de aquel país, en 2005, en una cumbre que se realizó en la ciudad de Mar del Plata, en Argentina, el presidente norteamericano intentó conseguir la aprobación, por parte de los países de América del Sur, de un área de libre comercio de las Américas (ALCA). La firme resistencia de tres países, Brasil, Argentina y Venezuela, entonces gobernados por Lula, Kirchner y Chávez, abortaron la intentona que, básicamente, se proponía la liberalización del control y la gestión de los recursos naturales de los países miembros; ríos, lagos, lagunas y bañados.

El pronóstico de Telma Luzzani, respecto de la apropiación territorial como una política generalizada (de personas particulares o empresas) para comprar tierras y recursos naturales, comenzó poco antes de terminar la década de los 90.

Países especialmente ricos en dichos recursos (agua en particular) se vieron sometidos a un proceso de extranjerización de la tierra, que sólo se restringió a partir de leyes promulgadas casi dos décadas más tarde.

Durante aquellos años de asalto a los recursos naturales, Argentina vendió cerca del 10% de su territorio. Allí, hoy son (algunos) dueños de la tierra de un país que no es el suyo magnates como los hermanos Benetton (dueños de 900.000 hectáreas), Ted Turner (45.000) o Douglas Tompkins, que además de miles de hectáreas es dueño de una parte de los esteros del Iberá, una enorme reserva acuífera. También es notorio el caso del previsor Joseph Lewis, cuyas 14.000 hectáreas rodean al Lago Escondido, otro gran espejo de agua dulce en la bella y austral Patagonia.

Privatizar la Naturaleza

Reneé Isabel Mengo es una historiadora argentina, doctorada en Comunicación Social. Sus trabajos sobre política y relaciones internacionales han recorrido el mundo, pero hay uno particularmente interesante, y está relacionado con el tema que nos ocupa: el negocio del agua.

América, apunta la historiadora, alberga al 12% de la población mundial, pero en ella habitan el 47% de las reservas de agua potable. En Asia, en cambio, se concentra el 60% de los habitantes del mundo, pero sus reservas son de apenas el 36% del total. Gran parte de Europa, entretanto, se halla en una situación crítica en virtud de la alta contaminación de sus ríos. En paralelo, señala Mengo:

"La industria del agua mueve unos 800 mil millones al año y por ahora apenas maneja el 5% del agua dulce del mundo. El gerenciamiento de las aguas y el embotellamiento del líquido son las dos variables del imperio. La industria del embotellamiento supera en ganancias a la industria farmacéutica. En EE.UU., el galón de agua potable embotellada supera en precio al galón de petróleo [...]. En los últimos 15 años se sextuplicó el número de gente que en el mundo paga por el agua".

Respecto de las pocas multinacionales que gestionan el agua en cientos de países del mundo, la facturación asciende a 1 billón de dólares al año.

Con relación al negocio del embotellamiento, cuatro son las transnacionales que capturan gran parte del mercado: Coca Cola, Pepsi Cola, Nestlé y Dadone; casualmente las mismas que tienen una fuerte participación en el mercado de alimentos y bebidas. En cuanto a las gestionadoras de agua y saneamiento, Mengo las divide en tres niveles, por grado de participación y facturación. En el primer nivel se hallan dos empresas francesas, Vivendi Universal (opera en 90 países) y Suez Ondeo (en 130). En el segundo escalón, la autora menciona a las estadounidenses Neron Azurix y la controvertida Bechtel. En un tercer nivel estarían las británicas Severn Trent Water, Anglian Water y Kelda (Yorkhite Water). La cuarta corporación de este nivel es la norteamericana Water Works Company.

"En el Reino Unido –agrega la autora–, la Agencia del Medio Ambiente señaló a muchas de estas empresas privadas de servicios públicos como las más dañinas del entorno. Anglian Water, Northumbrian Water, Severn Trent Water, Wessex y Yorkhite Water fueron denunciadas con éxito, por 128 violaciones que comprendían desde filtraciones de agua hasta depuraciones ilegales de aguas fecales. Por su parte, empresas como la Betchel y Enron realizaron, respectivamente, 730 y 75 vertimientos de sustancias peligrosas entre 1990 y 1997 en Estados Unidos, de acuerdo con la Agencia de Medio Ambiente, EPA".

Podría pensarse que las corporaciones transnacionales dedicadas al negocio del agua se valen exclusivamente de la precariedad económica y política de algunos países en vía de desarrollo para obtener extensos contratos que les permiten gestionar el vital líquido. Pero no es así. Tanto como algunos de esos Estados pobres, los países de la Europa periférica, tal cual denominan despectivamente los países centrales a

España, Italia, Grecia, Portugal, etc., se han convertido en presas fáciles de las "corporaciones del agua".

En España, por ejemplo, la gestión del sistema de agua potable era manejada por los ayuntamientos. Pero la crisis económica que asuela a Europa (en particular a los países menos desarrollados) desde el 2008 ha dejado a estas administraciones municipales sin recursos y, en muchos casos, al borde de la bancarrota. La forma, entonces, de obtener el dinero que ya no pueden recaudar por el empobrecimiento o la falta de empleo de los habitantes, es privatizar lo poco rentable que les va quedando. Dice Toni Martínez:

"La forma de privatizar es a través de un Partenariado Público Privado (PPP), mediante el cual se otorga una concesión durante 40 o 50 años a una empresa privada. Así, las compañías se hacen con un mercado sin competencia local, un auténtico monopolio, y con un usuario seguro y permanente, dado que los recibos del agua tienen una garantía de cobro de entre el 95% y el 97%. Al calor del negocio del agua han acudido tanto empresas francesas del sector como el *lobby* de las grandes constructoras. Sólo la catalana Agbar (filial de la francesa Suez), con 13 millones de usuarios, y FCC (Fomento de Construcciones y Contratas), un grupo de construcción y servicios, con más de 9 millones de abonados, controlan cerca del 80% del mercado privatizado".

Un proceso conocido

Como en el caso de los alimentos, por ejemplo, la fórmula corporativa es la misma. Fuerte concentración y posición dominante o, como en este caso, monopólica. Ella les asegura a las corporaciones no sólo el manejo del servicio, en cuanto a los controles de calidad, por ejemplo, sino la fijación de precios.

Pero, por supuesto, en un esquema capitalista en el que prevalece la valorización financiera, muy por encima de la producción de bienes, los bancos no podían quedar afuera del negocio del futuro.

"Para entrar en el negocio del agua hace falta capital, y ahí es donde entra en juego la banca –dice Martínez–. Las grandes empresas que optan a los concursos de privatización suelen tener detrás una entidad bancaria que les va a financiar, aprovechando el dinero que el Banco Central Europeo les ha prestado al 1% de interés, una medida excepcional para inyectar liquidez en el sector financiero".

El proceso de la privatización del agua no difiere mucho del resto de los modelos de privatización que se han dado en el mundo en los servicios públicos. El mecanismo es simple: la empresa que se presenta a licitación oferta por la compra un monto que no pone de su propio patrimonio. Recurre a financiación bancaria poniendo como garantía a la empresa que ha de comprar. Obtenido el traspaso de la antigua empresa pública a manos de los nuevos dueños, éstos fijan el valor de la tarifa, calculando la rentabilidad que pretenden obtener y los costos de financiamiento que les exige el banco.

De tal manera, la corporación privada se adueña de una empresa de servicios públicos sin invertir capital alguno. La devolución del dinero del préstamo, más los intereses, lo pagarán los usuarios. Con semejante ecuación, no es difícil anticipar que no existirán, en absoluto, inversiones por parte de la nueva controladora del servicio público privatizado. Uno de los expertos consultado por el periodista español explica cuáles serán, entonces, los resultados:

"Dentro de 20 años tendremos los ratios de aumento tarifario más caros de Europa, habrá una degradación de las infraestructuras y unas condiciones medioambientales lamentables [y] una ausencia de inversión en la gestión del ciclo urbano del agua, lo que conducirá a la insostenibilidad y, quizás, al posterior rescate público pagado por todos".

Dichos procesos ya se vieron en todo el mundo; la secuencia y los costos suelen ser similares. La concesionaria del agua incumple con los requisitos fijados en el contrato (inversiones, mantenimiento, saneamiento, etc.), y cuando luego de múltiples advertencias e incluso multas el gobierno opta por cancelar la concesión, la transnacional en cuestión acude al CIADI y a algún tribunal amigo en los EE.UU., e inicia una demanda millonaria en dólares contra el país que legítimamente le canceló el contrato.

El CIADI, inexorablemente, falla a favor de la empresa privada (esa es su función, aunque lo oculte), y un juez amigo en algún tribunal norteamericano hará lo propio. Y si el país de marras se niega a pagar por semejante arbitrariedad, será la Organización Mundial de Comercio la que le imponga sanciones comerciales, por lo general mucho más onerosas para el país que pagarle a la corporación por servicios ineficientes, por su falta de inversión e, incluso, por los daños medioambientales.

Hoy no, quizá mañana mismo

Se ha dicho que en una década más, aproximadamente, el 75% del agua que existe en el mundo será controlada por, apenas, un manojo de grandes corporaciones transnacionales. Pero tal predicción puede ser aventurada.

Si se excluye el negocio del agua embotellada, que ha crecido enormemente y que produce severos daños ambientales por la utilización del plástico en sus envases, la gestión y saneamiento de los sistemas de agua potable en los diferentes países no parecen ser aún el lucrativo negocio esperado.

Las regulaciones que los gobiernos deben imponerles a las empresas, la bajísima aceptación pública con que cuentan las empresas que gestionan o han gestionado el agua y, en términos generales, los niveles tarifarios que pretenden alcanzar esas transnacionales en países en vías de desarrollo, que chocan contra la capacidad de pago de buena parte de la población, han impedido la súper rentabilidad buscada.

Por otra parte, a diferencia de lo que ocurre con otras mercancías (el agua no debería serlo), los gobiernos no se han atrevido a sancionar a sus poblaciones con el corte de suministro frente al incumplimiento en el pago de las tarifas, lo que les quita a las corporaciones su mayor arma de presión.

En rigor de verdad, el proyecto que tiene en cartera la *corporatocracia*, y que dependerá de cuán bien trabajen sus súbditos, entre ellos el propio gobierno de Estados Unidos, consiste, como se hace con el petróleo, en la instalaciones de gigantescos acueductos que lleven el agua desde las grandes reservas mundiales hacia los países en los que operan las corporaciones, para que el negocio no sea gestionar sino simplemente vender.

Desde luego, el ambicioso plan se encuentra con la barrera de los países que no están dispuestos a que les roben uno de sus principales recursos naturales. Claro que tampoco Iraq estaba dispuesto a regalar su petróleo.

Por eso, Estados Unidos ha firmado acuerdos con países emergentes, que le garantizan su presencia militar en la zona para cuando sea necesario. O sea: el Plan Colombia, la supervisión militar de la Triple Frontera, etc., etc., todo con el argumento de la lucha contra el narcotráfico y la defensa contra el terrorismo.

¿Resistirá la tensión internacional tamaño plan? ¿Subsistirá un imperio al que ya le cuesta mantener relaciones civilizadas con buena parte del planeta?

Es la pregunta que se hacen muchos. Por ahora, son las corporaciones supranacionales las que gozan de excelente salud, y ante tal lozanía, ninguno de sus planes parece ser descabellado.

Conclusiones

"**D**urante un cuarto de siglo han prevalecido determinadas doctrinas sobre el mercado libre: los mercados libres y sin trabas son eficientes; si cometen errores, los corrigen rápidamente. El mejor gobierno es un gobierno pequeño y la regulación lo único que hace es obstaculizar la innovación. Los bancos centrales deberían ser independientes y concentrarse únicamente en mantener baja la inflación. Hoy, incluso el gurú de esta ideología, Alan Greenspan, presidente de la Junta de la Reserva Federal durante el período en el que prevalecieron estas ideas, ha admitido que había un fallo en su razonamiento; pero su confesión llega demasiado tarde para los muchos que han sufrido a consecuencia de ello".

El párrafo, escrito por Joseph E. Stiglitz poco tiempo después de que estallara la crisis de la hipotecas *sub prime*, tiene algo de esperanzador. Era como si imaginara que tamaña lección (que sólo en China dejó a 20 millones de personas sin empleo) funcionaría como una suerte de advertencia, de alarma, para que de allí en más se corriera el rumbo de las cosas.

Pero en el mundo los sistemas de producción, el funcionamiento de las economías y hasta las relaciones internacionales ya no dependen ni de Alan Greenspan, ni de los bancos centrales, ni de los Estados nación. El mundo, en el seno del cual se desató la peor crisis financiera del capitalismo desde la Gran Depresión de los años 30, era ya gobernado por un suprapoder internacional que no debía legitimarse con los votos, ni necesitaba darles explicaciones a los ciudadanos de ninguna parte del globo.

Ese mundo que, por la voracidad de un sistema financiero siempre insatisfecho, quemaba años de riqueza acumulada y empobrecía a millones de personas en unas pocas semanas, era un mundo que ya había entrado en un estado de paroxismo decididamente irrefrenable. Gigantes sin rostro humano volando de una punta a la otra del planeta, devorando empresas, mercados, recursos humanos y naturales, con el único propósito de acumular más y más dinero, eran ya y son hoy los verdaderos responsables de la suerte de ese mundo al que Stiglitz aún le asignaba alguna pizca de racionalidad.

Algo más de cien corporaciones con infinitos tentáculos deciden hoy la suerte de más de 6.000 millones de personas, y dejan una angustiosa pregunta sobrevolando sobre la cabeza de cada uno de esos seres humanos: ¿pueden los hombres que integran los directorios de esas megacorporaciones, aun en condición de ser los principales accionistas, controlar la marcha y decidir las acciones de esos gigantes sin rostros?

¿Podría Bill Gates, por ejemplo, desactivar Microsoft si se lo propusiera?

La primera respuesta sería: definitivamente no.

Microsoft es mucho más que Gates, como Coca-Cola o Cargill ya desbordan al mayor de sus accionistas.

Ocurre además que ni siquiera es posible, a esta altura del proceso, determinar quién es el mayor de los accionistas. Simplemente porque tampoco los accionistas, en la mayoría de los casos, son personas físicas. Los controlantes son otras corporaciones que a su vez reparten el control entre otras más, las que a su vez deben rendirles cuentas a otras, y así hasta que quien busca la punta del hilo se hunde en una telaraña espesa e incontrolable.

Ejércitos de *lobbystas*, gerentes, directores, abogados y *Ceos* pululan alrededor de gigantes casi imposibles de valuar, y a los que no dominan. Gigantes que, como la hidra mitológica, multiplican sus cabezas luego de cada tajo.

Apéndice fotográfico

Dos "accidentes" en tres meses

Jaime Roldós Aguilera (1941-1981). Fue
presidente constitucional de Ecuador
sólo por un año y nueve meses. Se atrevió
a enfrentar los intereses de las grandes
corporaciones. Y su avión se estrelló
"misteriosamente" contra un cerro.

En 1977, el Presidente de Estados Unidos Jimmy Carter
(n. 1924.), izquierda, estrecha la mano del presidente panameño
Omar Torrijos (1929-1981), derecha. Cuatro años después,
y por atreverse a desairar los mismos intereses que Roldós,
su avión estalló en el aire.

La nueva "conferencia de Yalta"

Foto: M.M.Minderhoud

Arriba: en este apacible lugar, el Hotel de Bilderberg, Oosterbeek, Países Bajos, se llevó a cabo, en 1954, la primera Conferencia Bilderberg. En los hechos, era una nueva Conferencia de Yalta, pero sin el humo de los cañones ni las diferencias ideológicas que habían signado la otra. *Abajo*: origen geográfico de los participantes; obviamente, el hemisferio sur brilla por su ausencia.

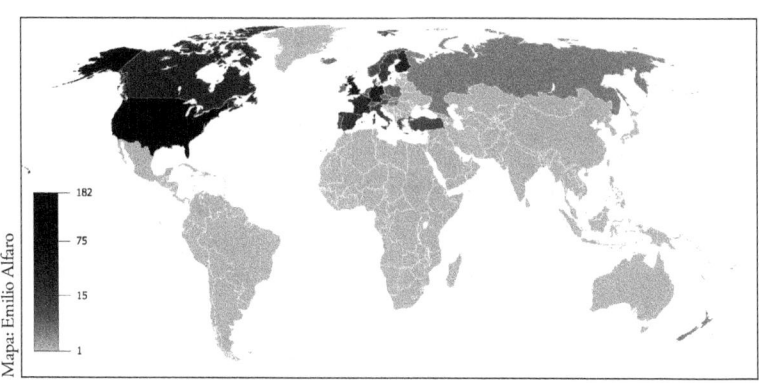

Mapa: Emilio Alfaro

RESPALDAN, PERO NO GOBIERNAN

Foto: Reino de Holanda

Beatriz de Holanda;
1997, 2000.

Foto: Dan Marsh

Príncipe Carlos de
Inglaterra: 1986.

Foto: Van Zanten

Juan Carlos de España,
2004.

Foto: Foro Económico Mundial

Príncipe Felipe de Bulgaria,
1965, 1967.

Estos son sólo algunas de los testas coronadas que asistieron y/o asisten a las reuniones del Grupo Bilderberg, y los años de su participación fehaciente. Más allá de su aval, los verdaderos reyes son el lucro sin límite y el dinero.

Mandatarios de un único partido

Foto: Marion S. Trikosko

El omnipresente Henry Kissinger; 1957, 1964, 1966, 1971, 1973, 1974, 1977, 2008.

Foto: Marion S. Trikosko

Una prometedora Margaret Thatcher; 1975.

Foto: Foro Económico Mundial

Tony Blair; 1993.

Foto: Archivos de La Moncloa

José Luis Zapatero; 2010.

He aquí sólo algunos de los políticos fieles al Grupo Bilderberg y su fecha de concurrencia comprobada. Más allá de votos y elecciones, ellos siempre saben quiénes son los verdaderos dueños del poder.

LA TRILATERAL: NEGOCIOS GLOBALES

La "Comisión Internacional por la Paz y la Prosperidad" se constituyó en 1973. He aquí algunos de sus miembros notables. *Arriba*: el gran inspirador, David Rockefeller. *Abajo, izquierda*: Ana Patricia Botín, consejera delegada de la filial británica del Grupo Santander y miembro del consejo de administración de Coca-Cola. *Derecha*: Javier Solana, exsecretario General de la OTAN y Alto Representante de Política Exterior de la Unión Europea.

Foto: Foro Económico Mundial

Foto: Aleph

UN NEGOCIO MACABRO

Las corporaciones de la industria bélica mueven billones de dólares al año. Para ello deben fomentar y provocar conflictos permanentes. Las víctimas, se supone, serán sólo las de los países periféricos, hasta que comienzan a volver los ataúdes con banderas propias. Pero nada detiene la creciente y próspera maquinaria de la guerra.

Fotos: Gobierno Federal, Estados Unidos

Ni sano ni enfermos, dependientes

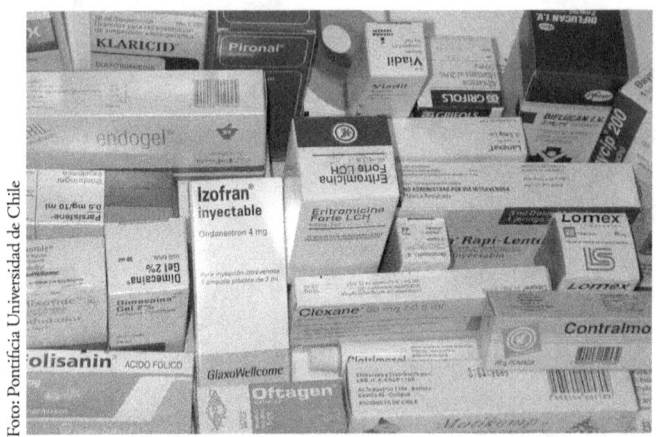

Arriba: se estima que sólo 10 prósperas corporaciones manejan el 85% de los medicamentos que se consumen en todo el mundo. *Abajo*: en África, un cartel insta a realizarse el examen detector de SIDA. En verdad, los países sin recursos sólo brindan cobayos humanos o cifras aleccionadoras para gobiernos e individuos que sí pueden afrontar los onerosos tratamientos.

Agua potable, el próximo objetivo

Entre el derroche y la carencia. *Arriba*:
un parque acuático en Miami. *Abajo*: una
habitante de Kenia recoge lo indispensable
para subsistir. El agua potable es hoy otro signo
de desigualdad, y el gran negocio por venir.
Pese a las regulaciones estatales, las grandes
corporaciones ya toman posición en vistas a un
muy próximo planeta con sed.

Bibliografía

Azzellini, Darío: *El negocio de la guerra*, Málaga, Txalaparta, 2005.

Brzezinski, Zbigniew: *La Era Tecnotrónica*, Buenos Aires, Paidós, 1979.

Capote, Salvador: *Las corporaciones transnacionales y el control del sistema alimentario global*, Caracas, Aporrea, 2011.

Castro, Juan Esteban: "La privatización del servicio de agua y saneamiento en América Latina", Buenos Aires, *Revista Nueva Sociedad*, 2007.

Chomsky, Noam: "Las empresas toman la democracia de EE.UU.", México, *Rebelión*, 2010.

Constance, Douglas H.; Heffernan, William D.: *Las empresas transnacionales y la globalización del sistema alimentario*, Missouri, Departamento de Sociología Rural de la Universidad de Missouri, 1991.

Cuello, Jorge: "El agua es un Derecho Humano", La Plata, Argentina, Audiencia pública para la reforma de los códigos Civil y Comercial de la Nación, 2008.

De Haan, Esther: *Pasen por caja*, Madrid, Asociación Ropa Limpia, 2007.

Estulin, Daniel: "El histórico discurso de Daniel Estulin denunciando al Grupo Bilderberg en el Parlamento Europeo", *Pijamasurf*, México, 2010.

Fernández, María Ángeles; Marcos J.: "Un puñado de empresas controla la alimentación mundial", en *www.euroxpress.com*, 2013.

Forcades i Vila, Teresa: *Los crímenes de las grandes compañías farmacéuticas*, Barcelona, Cristianism I Justicia, 2006.

Forster, Ricardo: "Neoliberalismo, medios de comunicación y democracia", *Diario Página 12*, Buenos Aires, 2010.

Freitas, Luis: "Un sicario arrepentido", Buenos Aires, *Revista 2016*, 2013.

Gámez, Pablo: "EE.UU. asesinó al presidente panameño Omar Torrijos", México, Radio Nederland, 2009.

González Santamaría, Abel: "De la diez corporaciones que más dinero ganan con las guerras, siete son de Estados Unidos", Revista *Cuba Debate*, La Habana, 2013.

Hernández, Vladimir; Jefe de Unasur: "Se ha dado un golpe de Estado parlamentario", *BBC Mundo*, Londres, 2012.

Hidalgo, Mariló: "Los medios de comunicación y el negocio de la guerra", *Revista Fusión*, Madrid, 2008.

Lezcano Claude, Luis: *Sobre el "juicio político" al presidente Fernándo Lugo Méndez*, Quito, Fundación de Estudios, Acción y Participación Social, 2012.

Lindgren, Suzanne: "Cómo el poder de las corporaciones está arruinando su vida", *UTNE Reader*, Kansas, 2013.

Martínez, Ricardo: *Las empresas militares privadas penetran Latinoamérica*, Moscú, RT, 2013.

Martínez, Toni: "Bancos y grandes constructoras cambian ladrillos por agua", Madrid, Observatorio de Multinacionales en América Latina, 2013.

McLuhan, Marshall: *Comprender los medios de comunicación. Las extensiones del ser humano*, Barcelona, Paidós, 1994.

Méndez Grimaldi, Idilio: "Monsanto golpea en Paraguay: Los muertos de Curuguaty y el juicio político a Lugo", Diario *E'a*, Asunción, 2012.

Mengo, Reneé Isabel: *Latinoamérica y el agua potable: poder en el presente, dominio en el futuro. El caso Acuífero Guaraní*, Islas Baleares, Fundación Cátedra Iberoamericana, 2005.

Meyssan, Thierry: "Lo que usted ignora del Grupo Bilderberg", en *www.voltairenet.org*, Moscú, 2011.

Montagut, Xavier; Vivas, Esther (coordinadores): *Supermercados, no gracias*, Barcelona, Icaria, 2007.

Moreno, Marco Antonio: "La codicia y los peligros latentes del lucrativo negocio de la guerra", en *www.elblogsalmón.com*, 2013.

Mueller, Marion: "La crisis mundial, Goldman Sachs y la Comisión Trilateral", en *www.oroyfinanzas.com*, 2010.

Nwobike, Justice C.: "Empresas farmacéuticas y acceso a los medicamentos en los países en desarrollo", Revista *Conectas Sur*, San Pablo, 2006.

Palacios Echeverría, Alfonso J.: "Medios de comunicación y manipulación", *Rebelión*, México, 2013.

Perkind, John: *Honduras: ¿Golpe de estado planificado por dos empresas americanas?*, Bogotá, Global Research, 2009.

Powell, Lewis F.: "Memorando confidencial: ataque al sistema americano de libre empresa", Revista *Mientras Tanto*, Barcelona, 2013.

Ramonet, Ignacio: *La tiranía de la comunicación*, Madrid, Debate, 1998.

Rodiño, Javier: "Reestructuración de deudas soberanas y la necesidad de establecer normas regulatorias internacionales", *Sistema Argentino de Información Jurídica (SAIJ)*, Buenos Aires, 2013.

Rosemberg, Martha: "Empresas farmacéuticas: el gran negocio de los medicamentos antidepresivos", *Word Press*, 2011.

Sin autor: "Pfizer acuerda pagar una multa millonaria por sobornos", Periódico *Cinco días*, Madrid, 2012.

Stiglitz, Joseph: *Caída libre*, Buenos Aires, Taurus, 2010.

Torres-Rivera, Alejandro: *Los mercenarios y el negocio de la guerra*, San Juan de Puerto Rico, Red Betances, 2013.

Turse, Nick: "Las corporaciones ocultas del Pentágono", *Rebelión*, México, 2008.

Índice

La era de las corporaciones, de Jorge Zicolillo,